ハコウマに乗って

西川美和

文藝春秋

目次

まえがき　8

遠きにありて

2018年

12月	新語・流行語大賞年間大賞が、平昌五輪の女子カーリングで活躍した日本女子チームの掛け声「そだねー」に。その他の候補には「スーパーボランティア」など

2019年

3月	イチロー選手が現役引退を表明
4月	新元号が「令和」に決定
8月	香港で反政府抗議デモ広がる
9月	ラグビーW杯の本大会が開幕。日本代表、初の8強入りを果たす
10月	消費税率が8％から10％に
12月	アフガンで銃撃、中村哲医師死亡

2020年

1月	国内で初めて新型コロナ感染者が確認される
2月	クルーズ船ダイヤモンド・プリンセス号横浜停泊 韓国ポン・ジュノ監督『パラサイト』が米国アカデミー賞で四冠獲得
3月	感染拡大により選抜高校野球が史上初の中止に。その後、夏の甲子園も中止となった。プロ野球では開幕が延期、Jリーグはすでに開幕していたが中断、大相撲は春場所が無観客で開催され、夏場所は中止となった 東京オリンピック・パラリンピックも1年程度の延期に
4月	緊急事態宣言が発令に（5月下旬に一旦は解除するも、8月と11月に感染が再拡大）。「アベノマスク」配布
5月	ブラック・ライブズ・マター運動が世界で拡大

ハコウマに乗って

7月	藤井聡太が史上最年少（17歳11か月）で将棋のタイトル（棋聖）を奪取 「Go To トラベル」キャンペーン開始
8月	安倍首相が持病を理由に辞任表明。連続在任期間歴代最長
9月	菅義偉内閣が発足
12月	「Go To トラベル」キャンペーン停止

2021年

1月	アメリカ・民主党バイデン大統領就任
2月	新型コロナウイルスのワクチン接種がスタート 映画『すばらしき世界』が公開
3月	東日本大震災10年 春の甲子園、2年ぶりに開催。8月には夏季大会も開催に
4月	松山英樹選手が日本男子史上初の米ゴルフメジャー大会優勝をマスターズ・トーナメントで飾る
7月	東京オリンピック・パラリンピックが1年の延期を経て無観客開幕
8月	米国・アフガン戦争終結
9月	コロナ緊急事態宣言とまん延防止等重点措置がすべて解除に。 横綱白鵬引退。優勝45回 在位84場所
10月	菅内閣総辞職。岸田文雄内閣発足
11月	大谷翔平選手が米大リーグのMVPを獲得

2022年

2月	冬季五輪北京大会が開催に ロシア、ウクライナ侵略を開始
3月	濱口竜介監督『ドライブ・マイ・カー』米国アカデミー賞国際長編映画賞受賞 映画界の性被害告発相次ぐ
4月	知床半島で観光船の沈没事故が発生
6月	バンタム級王座統一戦で井上尚弥選手がドネアを破り、日本人初の世界3団体統一王者に
7月	安倍元首相が街頭演説中に銃撃され、死亡
9月	エリザベス女王、死去。英国史上最長期間（70年7カ月）にわたり君主をつとめた。96歳 仏・映画監督ジャン・リュック・ゴダール氏、死去。スイスにて合法下の自殺幇助で。91歳
10月	村上宗隆選手がシーズン56号となるホームランを放ち、日本選手最多本塁打記録を更新。三冠王も獲得。「村神様」が新語・流行語大賞年間大賞に選出
11月	W杯カタール大会開幕。日本代表は16強に進出。アルゼンチンが3度目V。リオネル・メッシ選手にMVP
12月	旧統一教会の被害者救済新法成立。不当な寄付勧誘に罰則

2023年

1月	車いすテニス・国枝慎吾選手が現役引退。4大大会50回の優勝は男子世界歴代最多
2月	「闇バイト」などを使い、全国各地で相次いでいた広域強盗事件を巡り、「ルフィ」などと名乗っていた指示役の男たちが逮捕される
3月	WBCで日本が14年ぶり3度目の優勝を果たす
	音楽家・坂本龍一氏、死去。71歳
5月	G7広島サミット開催。各国首脳が広島平和記念資料館訪問と慰霊碑献花
	新型コロナがインフルエンザと同等の「5類」に引き下げられる
	役所広司氏、カンヌ映画祭最優秀男優賞受賞
10月	イスラム武装組織ハマス対イスラエルの大規模衝突開始
	藤井聡太九段が史上初の八冠独占を達成
	ジャニーズ事務所解体へ
11月	阪神タイガースが38年ぶりの日本一に

装画　本村 綾
装幀　大久保明子

ハコウマに乗って

まえがき

本書は、「Sports Graphic Number」二〇一八年十二月六日号から二〇二〇年八月二十日号までの連載「遠きにありて」と、「文藝春秋」二〇二一年三月号から二〇二三年十二月号までの連載「ハコウマに乗って」とを併せて収録したものである。

「Number」も「文藝春秋」も、多くは時事的な話題が盛り込まれている雑誌なので、その片隅に載るエッセイとはいえ、私も無意識にその時々に社会で起きたことを取り上げがちだった。冒頭の一篇は二〇一八年の終わりごろに書いたものだが、「スーパーボランティアの尾畠さん」の話題から始まっていて、読者の方も面食らうような時の隔たりを感じるのではないだろうか。その後、人類がほぼ経験したことのない大規模パンデミックが起こるだなんて、子供を救った尾畠さんのニュースをほのぼのと眺めていた頃はまるで予想もしなかった。

コロナ禍においても、月に一度、その都度の実感で書いていたので、状況に応じて緊張感や思いも少しずつ変わっていったようだ。ワクチンや特効薬もなく見通しの立たないころは、行動制限についても敏感になっていたり、もはや世界が回復を見ないかのような悲壮感も滲んでおり、今になってみれば自分でも少し奇異にも読めるが、それだけこの五年間というのは、誰にも未来予想のつきづらい、不可思議な流れの中にあったのだろうとも思う。

「Number」の連載は二〇一五年から始まって、二〇一八年十一月までの三年分は以前すでに一度単行本にまとめてられていた（『遠きにありて』文藝春秋刊）。その後編集部と、二〇二〇年夏までは連載を続け、東京五輪について書いて区切りにする約束をしたはずだったのだが、全世界的な感染拡大によって大会が一年先に延期され、結局、実際に開催された二〇二一年の無観客五輪について私は綴ることなく連載を離れた。もともと唯一の趣味がスポーツ観戦だということから誘ってもらった連載だったが、正直なところ、延期された東京五輪については文章を寄せる自信がなくなっていたのだ。「Number」を手に取るスポーツ愛好家たちにとっても、参加する競技者たちにとっても、読んで辛くなるような言葉を重ねてしまいかねない気がしていた。プレイヤーたちに罪はないが、用意されたフィールドが汚くぬかるみすぎているように思った。

私がスポーツを観るのは、自分の生きる世界からは遠く、何も考えなくていいからだった。しかし人間の能力や勝負勘、チームの結束や奇跡、そして限界や絶望を、嘘も筋書きもなく観ることのできるスポーツの神性が、それを取り巻くいろんな利権や判断ミスのせいですっかり侵されて、余計なことをいろいろ考えずにはいられないものになった。

けれど、本当にプレイヤーに罪はないのだろうか？　才能や技能だけの、無力な人々なのだろうか。そんなことを映画界にある自分たちに置き換えて考えたのがその後の三年間になった。人が寄り集まることが御法度になって、映画の撮影が中止になったり、世界中の映画館が封鎖になったりということがまさか起こるとは想像もしなかったが、当たり前に流れていた空気がぴたりと止まった時、映画監督という立場で無心に走り続けることで、聞こえないようにしていた言葉や考えないようにしてきた環境のことが気になり始めた。作り手は面白い映画を作ることだけに専心していられるのがベストだが、フィールドがぬかるんでいるのでは、仲間も後輩もその上を歩けない。自分にはフィールドのぬかるみにまで責任は持てないと思い込んでいたけれども、「ぬかるんでて嫌だ」「こんな足場でいいプレーなんかできない」と言葉にするのは、そこに自ら立っているプレイヤー自身の役割ではないかと思うようにもなった。

感染症との長い戦いや、元首相の暗殺、新たな戦争や虐殺、ジャニーズ事務所の解体など、絶句するような出来事が折り重なる中で、私が受け持っていたのは分厚い『文藝春秋』の末尾に近いわずか見開き2ページだった。深刻な話題よりも食後のデザート感覚の軽い内容を、と心がけたつもりだけれども、まとめて読んでみるとやはりそれなりの「ぬかるみ感」がある。こうした場を借りてキーボードを叩きながら、自分の中でまとまらずに折り重なっていたことを、整える時間にさせてもらっていたのかもしれない。読者の方の目には粘りつくようでしつこいかもしれないが、トンネルを抜けてはまたトンネルに入るようだったこの非常の一時代の記録として読んでいただければと思う。

両連載にて、書く機会を私に作ってくださった株式会社文藝春秋の松井一晃さん、瀬尾泰信さん、担当編集者の涌井健策さん、中村雄亮さん、柳原真史さん、挿絵をご提供くださった狩野岳朗さん、長い間お付き合いいただき、ありがとうございました。またこのたび単行本の編集をしてくださった柘植学さん、ブックデザインの大久保さん、そして銅版画家の本村綾さん、本当にお世話になりました。ありがとうございました。

二〇二四年一月　著者

遠きにありて

戦いません！

2018年12月

「スーパーボランティア」という言葉が流行語大賞の候補になっていた。八月に山口県周《す》防大島《おうおおしま》で行方不明になった二歳の男の子を見つけ出して時の人となった大分県在住の尾畠《おばた》春夫《はるお》さんを喩えた言葉だそうだ。長年各地の災害現場に自前で駆けつけては、復興支援の活動を続けてこられたご本人は、ノミネートの報に「すぐ消える。関係ない！」と清々しくコメントされていたが、尾畠さんに感化され、「よし俺も」と慣れないボランティア活動に乗り出した人もあったのではないか。

かくいう私も、実は尾畠さんの存在が生活に小さな流行をもたらした。周防大島は私の郷里にも近く、偶然にも同じ頃、一、二泊遊びに行こうかと思い立ったのだが、調べた時にはすでに島の宿は一杯。計画倒れでぶらぶらしていたところに男児失踪の騒動が起きた。もし島に自分がいたらどうしただろう。血生臭い憶測も飛び交う中、周囲を見回ってみたりもしただろうか？　けれど土地勘もないよそ者の私に何ができよう。迷惑や誤解も招きかねない。「四十代の独身女が子供をさらった説」……あるあるある！　面倒に巻き込まれないかと我が身を心配して宿の中に引きこもるのが関の山だったのではないか。

そうこうする内に、尾畠さんが男の子を抱いて颯爽と山を降りてくる姿がテレビに映し出された。山中を歩いたのはわずか二十分程度だったと言う。岩をよじ登り、飲まず食わずで耐えたサバイバルというわけでもない。けれど、七十八歳にして「ともかく山の中に探しに入ってみよう」と思えるその自らの肉体への信頼に、私は息を飲んだ。

その後メディアはこぞって大分の自宅まで押しかけたが、尾畠さんは一切の防御を取らず、何でもあけすけに撮らせ、陽気にありのままを答えるのみだった。元気の秘訣は？と尋ねられると、毎朝８０００ｍ走っています。８という数が好きなので、と笑った。

私は少し前に取材した高齢者施設を思い出した。その施設は保護観察所やハローワークと連携して、刑務所から出てきた人を雇用して社会復帰させる取り組みに協力しているのだが、リハビリ室にはランニングマシンが設置され、高齢者や職員に定期的な有酸素運動を促しているとのことだった。

「運動は、加齢だけでなく脳の神経回路に機能するんです。認知症患者で入所時には娘の名前もわからなかった人が、早歩きのウォーキングを週三回続けると、半年後には正常な意思疎通が復活するようにもなる」と施設長はハーバード大による研究などを例に説明してくれた。有酸素運動により血流が良くなると、脳内の神経伝達が正常化し、判断ミスや思うままにならない不快感が軽減し、夜はよく眠れ、わめき散らしていたお年寄りが人と目を合わせて会話できるようになったり、自制が効かず極端な行動に走りがちだった元受刑者の心も安定していくのだとか。「認知症と再犯防止には、有酸素運動です！」と絶対の自信を持って力説される施設長の言葉に、私はひるみまくった。……だって運動って、面倒なんだもの。だるい。しんどそう。時間がない——その考え方自体、運動不足の脳内に出ている「良からぬホルモン」の仕業なのだと、施設長は張りのある声で明言された。

私は決めた。山中で男の子を見つけ出すとは言わない。でも、少し自分も走ってみよう。運動部にいた頃は万年補欠でも体の強さには自信があった。派手に転んでも怪我とは無縁、暑いも寒いもない、あの全能感は今いずこ。駅の階段を降りただけで捻挫するし、暑いし寒い！　下降を下降と諦め、抗う意欲すらない。この弱気、本当にどうにかなるの？

……事始めにランナー向け雑誌やブログに目を通してみれば、「腹筋が割れた」「肩こりが消えた」「アイデアがわく」「お肌ピカピカ」「出会いがあった」「酒がうまい！」などと良いことばかりが書いてある。ほんとかよ。何だか宗教みたいで怖い。でも、あの村上春樹さんや宮藤官九郎さんも走ってるらしいし……。

決まった時間に決まった事をするのが苦手で、私が映画の仕事を続けてこられたのも、作品ごとに中身が違い、場所も関わる人も変わるからだ。「自分との戦い」も、ひとり机について脚本を書くので目一杯。でも、もしほんとうに何かが少し変わるのならば、結果をちょっとだけ見てみたい。だから私は自分に約束した。絶対に無理をしない。少しぐらいサボっても、自分を責めない。これは戦いなんかじゃない。好きなラジオを聴きながら、三日に一回三十分、ニヤニヤしながらうろつくだけだ！

夏の終わりから走り始め、一つだけわかったのは、朝の町を走ると、東京の住宅密集地でも存外空気が綺麗で気持ち良いということだ。はあー？　そんなこと、走ってる奴全員が大昔から言ってることじゃん。でも私も、人の言葉に耳を貸せるほど大人になったと解釈することにする。なぜなら脳内のシナプスが正常に機能してポジティブ・シンキングだから。一年後に続いていなければ、正直にそれも告白します。ポジティブに！

時代は動いているのだけれど。

2019年2月

新しい時代がやって来るという。正直ピンとはきていない。大きな眼鏡の小渕恵三氏が「平成」と掲げて見せたのもついこの間に思えるし、安室奈美恵さんもちょっと前にデビューした女の子のような気がしたままだ。けれど私はぼんやりと思い出した。昭和天皇の崩御で中学の休校が決まった日の帰り道、これから来る時代は確かに自分たちのものだという気がして、たまらず走り出したのだった。しかし訪れた時代は、昭和の激しいインパクトに比べればどうしても霞みがちな線の細い二代目のようでもあり続けた。物の考え方も暮らし方も極限まで軽量化されていく中で、携帯電話も戦争も薄く軽くなった。『初のe日本シリーズで西武が日本一！』という見出しにも、「え、今なんちゅーた？」と目をしばたかせるゲームウォッチ世代の今日この頃。けれど電脳上のプロ野球の頂点に立った主将は、「自分だけで戦ってるんじゃない」と仲間との結束に涙を溢れさせたというから、ゲーマーとアスリートの心の琴線は私が思うよりも近いのかも。それにしても、コンピューターゲーム対戦の五輪入りも近いと言われる日が来ようとは、昭和の終わりに誰が予想しただろう？　やっぱり時代は動いているのだ。

「何をスポーツとするか」も揺らいでいるように、「何を映画とするか」で映画界も揺れている。劇場公開せず、ストリーミング配信で契約者のみが観るネットフリックス作品を、二〇一九年のカンヌ国際映画祭はコンペティションから除外した。「フランス国内で劇場公開されない作品には参加資格がない（＝「映画」とみなさい）」と規定したのである。

一方でこの決定は「既得権層を守るもので、植民地主義的」とも批判され、四ヶ月後のイタリアのベネチア国際映画祭ではネットフリックス作品に最高賞が渡された。『ゼロ・グラビティ』でも有名なアルフォンソ・キュアロン監督の意欲作『ローマ』*だが、この先私たちが日本の映画館の大スクリーンで観る機会があるかはわからない。画も音も劇場でこその品質に仕上げてるんだけど……と監督自身も嘆いているが、世界中のシネコンで求められているのは、もはや「映画らしさ」よりも「猫も杓子も呼ぶ力」だ。そのような商業性にとらわれず、自由で個性的な表現も許される配信作品の方が、映画館でかかるものよりもむしろ映画らしさを増しつつあるというふしぎなねじれが生じている。

将来は映画館そのものが無くなるかもしれない。けれどスポーツファンならお気づきではないか。自宅のテレビで観てもスポーツはスポーツだが、生で、現場で、誰かが目撃していることは案外重要なのだと。観客の声援の中で選手は昂ぶりとともに競い合う。重要な対戦ではメディアの熱も増し、予想外のプレーやミスが出る。そうやってゲーム自体の価値は押し上げられ、事件化していく。スポーツを観ることは、時代を目撃することだ。長嶋茂雄も千代の富士も浅田真央も競技者を超えて「時代そのもの」だったように、映画もまた、街にかかり、人々に目撃されることで世相の一部となる。『マルサの女』も『タイタニック』も、その時代の写し鏡として記憶されているように。映画館で観られたことのない作品をひとり携帯端末で鑑賞するのは、無観客試合のサッカーを録画で観るのに似ている。内容に感動はあっても、「世界」との連動のない私的体験だ。

新年明けてからまだまともにスポーツを観ていない。全豪テニスや大相撲を気にしながら、一頭の競走馬の訃報を目にした。三歳牝馬《ひんば》のアマーティ。一月十二日の中山競馬場のレース途中に心臓発作を起こし、ゴール後に倒れたまま息を引き取ったという。ネットに上がった映像では、一頭だけ明らかに失速し、苦しげに、それでも懸命にゴールへ走った鹿毛の姿が見られた。途中で倒れて騎手を怪我させてはいけないと、最後まで走りきったのではと悼《いた》む人もいる。馬のことなんて何も知らないのに、取り乱すほど涙がこぼれてしまった。

競争ばかりの厳しい生涯に腐るでもなく、誰も恨まず、彼らは逝《い》ってしまうのだろう。鞭《むち》打たれるままに人間の期待に応えようとする純真が見ていて辛いのは、時代の影響か、私がもう若くないせいか。いっそ勝ち負けなど理解していなければ良いが、と思う。あれほどの献身の上に敗北の悲しみまで背負わないでほしい。けれどその純真にこそ人は憧れて馬を見続けるのか。闘いは、最後の直線で何が起こるかわからない。くすぶっていたような者に信じられない力が残っていて、まさかの位置から差し切ることもあるし、鼻の差で逃げることもある。あの美しい馬体の中に潜む、嘘を真にしかねないその力は、この先も人の心を捕えてゆくのだろう。やれやれ。人間のロマンに何百年もつきあってくれて、馬たちには本当に頭が下がる。アマーティに冥福《めいふく》を。走り切ったのは、その誇りと優しさの故《ゆえ》と思うことにしよう。誇りと優しさ。これを私も新しい時代の目標にして。

*『ローマ』は、2019年の米国アカデミー賞で三冠を獲得した後、ネットフリックス作品として日本では初めて全国の劇場で公開された。

勝利と健康。

2019年4月

女子フィギュアスケートも四回転時代突入らしい。ロシアの少女たちがぴょんぴょん、くるくる回っている。三月九日（現地時間）の世界ジュニア選手権ではアレクサンドラ・トルソワ選手が二度の四回転トーループ、アンナ・シェルバコワ選手が四回転ルッツを跳び、一位、二位を独占した。共に十四歳の彼女らが来季からシニアに参入し、女子フィギュアも様相が変わると言われている。抜けるような白い肌、澄み切った瞳、形の良い頭に髪を結い上げた少女らが魔法のように跳ぶさまは、背中に羽根の生えた妖精を見るようだ。とてもきれい。とても可憐《かれん》。とても小さい。とても痩せている――彼女たちは健康なのか？

身長153センチの私に言われたくはないだろうが、彼女らは同じ年頃のロシア人女子の中ではかなりの低身長ではと思う。手足は小枝のように細く、節々は骨ばり、全く大きなお世話だが胸も真っ平ら。第二次性徴、来てますか？　何事にも容赦ないお国柄を考えると、四回転を跳ぶために今度は何をさせられてるのかと怖くなる。

　以前、取材のために子育て中の友人宅に何泊かしたことがある。友人の娘は小学三年生で新体操クラブに通っており、お宅の玄関を開けた時、床にあごをつけて海老《えび》反りになり、ウルトラマン怪獣のツインテールさながらの体勢で私を出迎えてくれた。有名選手も輩出した名門チームに在籍し、子供たちのやる気もなまなかではない。レギュラーを獲るために、彼女は暇さえあれば大会のビデオを見直し、宿題する時は上半身を床にべったり前屈させ、『名探偵コナン』は１８０度の開脚で観た。

　驚いたのは夕食を食べないと言い出したことだ。

「だって太るもん。クラブの子は当たり前だよ」

「え、でもまだ九歳でしょ。これから体が出来ていくんだよ」

「コーチが太るなって厳しいのよ。ほんとは食べたい盛りなのに……」

　と母親である友人はため息をついた。

「足が太い、お腹が出てるって叱られて、トップの子たちは傘みたいにガリガリ。全国で戦うなら痩せてないと無理、っていうのが新体操の世界の常識なのよね。つられて必死になる親御さんもいるし、子供は子供だから、その気になっちゃうの。頭ごなしに食べろと言っても意固地になるから、弟のおやつのタイミングにどさくさでおにぎりやバナナを食べさせるんだけど」

ためしに当時現役だった浅田真央さんの映像を彼女に観せ、体型をどう思うか尋ねたところ、「まあ、ちょっと太めだね。もうちょい痩せた方がいいと思うよ」と踏ん反り返ったまま回答した。……この、クソガキ!!

「スポーツ=健康」にあらず。体の形そのものが採点に影響する競技のみならず、陸上も格闘技もトップを競うアスリートの世界には、むしろ様々に不健康な習慣がある。フォアグラのアヒル並みに食物を流し込まれたり、極限まで減量させられたり。骨や内臓のダメージや生殖機能への影響も見過ごされ、一般人からすれば拷問に近いことも勝利のための当然の「鍛錬」とされてきた。

そういうスポーツの側面を想像し始めると、人生や寿命を削るようにして身体を改造した人々の曲芸を見て手を叩いて喜んでいる自分の神経もまともではない気がしてくる。けれど、どんな分野も人より頭一つ出ようとすれば、鍛え方、取り組み方には過剰さが伴ってくる。平均的な幸福を幸福と思えず、心や体を切り刻むようなストイシズムに陥るほかに生きる術《すべ》も充足もない変人たちの活躍の場を、スポーツや芸術が作ってきたのも事実だ。人並みの健康や幸福を求めて勝てるものなら勝ってみろ。俺たちがやってるのは健康体操じゃねえぞ――と檄《げき》を飛ばしてきた指導方針も、この先変化するのだろうか。勝敗を競うルールにありながら、勝利至上主義に陥らずに道を極めるのは、更に知的で哲学的な営みになるだろう。ともあれ、シニアに入ったばかりの歳で女王然として、しかもその覇権は長くは続かず、次々と消えていくロシアの十代スケーターを見ていると、その早熟が悲しい。幸せな第二の人生が待っていればいいけれど。

伊藤みどりさんのスケートが大好きだった。四回転を跳ぶ女性が出てきてもなお、いまだに動画で見直せばそのジャンプの感動は色褪せない。うわーっ、跳んだ!! と声をあげたくなるほどの跳躍力。ダイナミズム。その頼もしい足腰あっての高さと着地! まるで足の裏に、ジェットエンジンを搭載しているかのようだった。着氷後の猛々《たけだけ》しいガッツポーズは、あでやかな衣装とはちぐはぐで、また最高だった。あれぞ記憶に残るアスリートの個性だと思う。当時まだ世界のどんな女性も跳んだことのない三回転半を、わたしが、わたしのこの体で、たった一人跳んでやるんだ、という月に着陸する人のような賭けと誇りに満ちて見えた。氷上にありながら、観る者の血を沸かせるようなフィギュアスケート。人々の心に残るものは、欠落のない美しさだけではない。

テレビよ継《つな》がれ！

2019年6月

『太陽を盗んだ男』という映画がある。日本のアクション娯楽作の概念を一変させた一九七九年の作品だ。何しろ内容は中学の理科教師が東海村の原発からプルトニウムを盗んで原爆を自作し、政府を脅迫する、という今なら右も左も映画会社も泡を噴いて倒れそうな話である。主演は絶頂期の沢田研二。皇居前広場に特攻隊の格好のバスジャック犯を無許可で突っ込ませたり、都心のビルの屋上から万札をばらまいたりの無茶苦茶な撮影を敢行して逮捕者も出したと聞く。当時の映画の現場は体制への反逆者、社会不適合者の溜まり場であり、法律、警察、なんぼのもんじゃい、という気概で作られていたのだろう。善悪の彼岸から催涙弾を投げ込まれるような異様な人間観が、教師や世論が諭《さと》すのとは別の世界に人を連れて行って魅了した。

その主人公が政府に突きつけた最初の要求が、「ナイター中継を試合終了まで流すこと」

だったのをふと思い出した。先日『世界リレー』の地上波テレビ中継が、これから走る選手紹介の途中でぶつりと終了した時のことである。走者たちはレーンに立ち、十数秒もすれば号砲が鳴るというタイミングであっさりCMに突入したのだ。おい、こりゃー！……と映画の中でジュリーも怒ったかどうかは忘れたが、映画の公開当時は毎晩全国で巨人戦の中継が流れ、そして二十一時前にはきっちり放送終了するのが常だった。「どんなに乱暴な編成だろうと、視聴者は巨人戦からは離れない」と確信したような放送局側の作為に屈するほかなかった当時の人々には、ジュリーの要求は胸のすくようだったかもしれない。

　時間制限のない競技の生中継は編成上厄介なのだろう。好きなドラマやバラエティが中継の延長で押したり飛んだりすれば怒る人がいるのもわかる。けれど「いつまでやるの」「どうなっちゃうの」という不確実性こそがスポーツの醍醐味であり、それを映して伝えるのはかつてテレビの独擅場《どくせんじょう》だった。だからこそ、一九八八年のパ・リーグ最終戦、俗に「10・19《じってんいちきゅう》」と呼ばれる十月十九日近鉄対ロッテのダブルヘッダーが急遽『ニュースステーション』に引き継がれた時のことが忘れられない。伝えなきゃならないニュースがたくさんあるんですけどね、と笑いながら中継を続行させた久米宏さんに、テレビマンとしての気骨とショーマンシップを感じて体が震えた。試合の行方もさることながら、歴史的なことが起きている、という事件性が加味されたのだ。映像には、後から観ても良いものと、その時観なければ意味のないものがある。勝たない限り近鉄の逆転優勝はない川崎球場での第二試合は四時間を超え、同点のまま最後の守備についた近鉄野手に日本中が見入ったそれが、結果的には昭和最後のペナント争いとなった。

時代は移ろい、スポーツを観るにもBS、CS、配信と選択肢は広がり、観たい人が観たいものを観たい方法で見るようになった。地上波テレビには、もうかつてほど伝え手としての使命感はなくなったのかもしれないが、同時に「どうせなら確実性のあるものを伝えなければ」という切迫感が高まっているようにも思う。五輪でメダルの実績も積んできた日本の男子4×100mチームがまさかのバトンミスをして予選失格となった後に、はい、見所は終わりました、と言わんばかりにその他のレースが放送から切り捨てられたように見えてしまった。しかし実は私もその敗退の瞬間、「ちぇーっ！」と叫んで一度はテレビを消したのだ。結局3分後にはまたスイッチを入れていたものの、一体いつから自分はこんな風に勝てる見込みのあるものしか見たがらなくなってしまったのだろう。

従来陸上競技は日本選手が上位に食い込みづらく、そのぶん世界中の選手の活躍を比較的冷静に眺めてきたはずだ。カール・ルイス、セルゲイ・ブブカ、ケネニサ・ベケレ、エレーナ・イシンバエワ、ウサイン・ボルト。国によらず、スーパースターをみんなたくさん知っている。世界中の速さを、跳躍を、パワーを、「勝て勝て勝て！」ではなく「すげーえ」という驚きとともに讃《たた》えてきたのだ。負けっぱなしの時は、案外物事に対して寛容で、自分と関わりのないものも広く緩やかに受け入れられるのに、ちょっと勝てると思った瞬間、変に欲が出て、おらが村の子だけを可愛がるような視野狭窄《しやきようさく》に陥るのだからふしぎだ。

負けてゆくものを観るのは辛い。惨めで痛ましくて、自分までやりこめられた気持ちになる。けれど本当に記憶に濃く刻まれるものは、勝利の喜びよりも、なぜか苦い敗北の道程だ。本当はそれこそがテレビのスポーツ中継でしか観られないものなのかもしれない。隣り合って慰める仲間もおらず、カメラが捉えた敗者の顔と自分との一対一になる。八八年のペナントを制した西武よりも、近鉄の最終戦を語る人は多い。すでに優勝は夢と消えたあの十回裏、ベンチから選手をじっと見つめる仰木彬監督の表情を目撃したことを、悔いた人はいないだろう。

あやしい蜜。

2019年8月

わざわざ五輪を東京でやるかねえ、と斜に構えていたくせに、気づけばちゃっかりチケットを申し込んでいた。「本日が応募の締切日です」と聞こえてきた途端、慌ててチケットサイトに滑り込んだのだ。曲がりなりにも「Sports Graphic Number」の片隅で連載をさせてもらっている人間が、半世紀ぶりの地元開催にこんなにも背を向けていていいものか、と土壇場で気持ちが揺れたのである。

そもそも五輪はテレビで観たいのだ。馴染みのない種目であるほど、クローズアップやスロー再生、画面に出された数字や丁寧な解説とともに噛みしめるように観るのが面白い。昨日まで名も知らなかった選手の技にいきなり感動できるのも、テレビ中継の懇切丁寧な演出あってこそ。私は五輪を楽しみにしている。四年に一度の大一番を、四十度の炎天下に出て行って汗と人とでもみくちゃになり、世界王者を豆粒大で眺めたり、一瞬で目の前を通過されて終わり、ではあまりに切ないじゃないか。

　半ばしぶしぶ腰を上げたわけだが、来年の夏の日程に現実感はない。自分が何の競技の誰を観たいのかもイメージできないまま、老人やIT弱者をふるい落とすかのような超煩《はん》雑《ざつ》なチケット申し込みサイトを迷子のように進み、種目の値段を見比べる。最低価格の2500円から最高値は陸上の13万円、開会式は30万円、とまさにピンキリ。値段の高い席で観れば結果が違うならいいけどなあ。

　一般申し込みの上限枚数は一人当たり最大60枚で、内30枚まで当選の可能性があるという。しかし当たった中から行きたいものだけを選んで買うことはできず、つまり、仮に30枚当選してしまった場合は30枚全てを一括で買い取るか、全キャンセルかの二択を迫られる。払い戻したいものがあるなら二〇二〇年春以降に公式転売システムでリセールに出す仕組みだそうだ。まだまだ遠い春。想像しただけでくらくらする。……当たるも怖い、外れるも怖いで結局6枚分しか応募できなかった。全部当たっても五万円未満。こんなシケた買い方じゃどうせ外れるだろう。それでいいんだ。静かで冷房の効いた家の中で、きんきんに冷えたビールを飲みながらテレビを観る。それが私の理想の五輪観戦だ。

　そして約三週間後……当たった。しかも陸上競技・決勝のE席。ヤホーイッ！　椅子を倒して立ち上がり、ガッツポーズ。人類最速を観に、いざ新国立競技場へ！……おや？

いつの間にか東京五輪を大歓迎してたみたいになっている私。まあいっか。けれどいまだに忘れてもいないのだ。「The situation is under control（フクシマの状況は制御下にある）」という招致の文言に感じたあの禍々《まがまが》しさを。忘れたわけでもないし、処理できてもいないのに、こうやって差し出された甘い蜜には思わず唇を突き出す。いつの頃からか、こんなふうに自分も世の中も、どこかあやしい。「まあいっか」と言って毒の蜜にも口をつける日も来るかもしれない。

仕事でたまに立ち寄るビルから、新国立競技場が見える。今年の初めにはまだいくつものクレーンが動き、鳶《とび》のズボンを穿いたおじさんやお兄さんが北風の吹きすさぶ足場を行き交い、客席を覆う天井パネルを一枚ずつはめていたが、今ではすっかり重機も人気《ひとけ》も表には見えなくなった。二〇一五年に最初の建築デザインが白紙撤回された頃は、あと五年じゃ無茶だと思ったが、どうやら本当に完成してしまうようだ。遠目から眺めているとまさに小石を積み上げるごとく、雨の日も風の日も人々は働いて、日々確実に景色が変わって行った。さすが日本のものづくり、とその確かさに感じ入るいっぽうで、完成までのべ二百万人と言われる作業員の中にはたくさんの外国人労働者の力を借りてもいる。将来自国で活躍するために、日本の技術や知識を学ぼうと仲介者に高額の手数料を払ってやってきた途上国の技能実習生たちが、資材の上げ下げのような単純労働を一日中させられたとも聞くし、完成を急かされる過酷な日程の中で、重い任務を負わされた日本人の若い現場監督が自ら命を絶ったニュースもあった。オリンピックは、そんな人々の汗のしみた場所で始まり、そして瞬《またた》く間に終わるのだろう。

梅雨空の下に佇む新国立競技場を仕事仲間と眺めながら、「リレーって楽しいのに、あっという間に終わっちゃうよね」という話になった。閉会式であらゆる種目の金銀銅＋最下位の選手が集まって、国別ではなく順位別で４×１００ｍリレーを走ってくれたりすれば面白い。柔道、水泳、新体操、カヌー、スケボー、アーチェリー、ウエイトリフティング、乗馬、射撃、フェンシング……それぞれのユニフォームのまま、借り物競走のように新国立競技場のトラックでわいわいバトン渡しをやって、最後の最後に順位をご破算にするのだ。

参加することに意義がある。クーベルタンの至言をもう一度。そろそろ新しいオリンピックを観たい。

合法脳内ドラッグ。

2019年10月

二〇一八年の夏、山口県周防大島で二歳の男の子が行方不明になった。家の前の道で忽《こつ》然《ぜん》と姿を消して丸三日間、警察・消防が大捜索をしても見つからず、「もうダメかも」「本当は誰かが嘘をついてるのでは？」と世間の憶測に歪みがかかり始めた四日目の朝、突如赤いハチマキのおじさんが男の子を抱いて山から降りて来た。大分県から駆けつけた尾畠春夫さんは人々が忘れかけた高潔さと清貧のシンボルのごとく、時の人となったが、私が圧倒されたのは、七十八歳にして土地勘もない山中に躊躇《ちゅうちょ》せず踏み込んでいける自らの体力への自信だった。ワイドショーの司会者に秘訣を聞かれて「毎朝8000m走ってます」と笑顔で答えた尾畠さんを見て、自分も走ってみることにした。一年後の秋に四年ぶりに新作映画の撮影が決まっていたからである。映画の現場は体力勝負だ。体が持たなければ、頭も機能停止して、全てに対してジャッジが甘くなる。日本映画の現場はいまだに金がない、寝られない、休みがない非人道的な仕事場だ。ボロボロに体力を奪われて意識朦朧《もうろう》として「もうこれでいいです」と監督が妥協するのを、ゼニ元やプロデューサーが待ち構えている。術中にハマってたまるか！

しかし私もいい大人だ。自分の「やる気」の大半は長続きしないこともよく知っている。どうしたら持続可能か。まずはスポーツショップに行き、ランニング以外ではためらうようなド派手なシューズを買った。走るのをやめれば、このシューズが玄関で私をじっとりと責めるように鎮座し続けるだろう。思わず素敵なランニングウェアにも手が伸びかけたが、それは続いた場合のボーナス制ということにした。

八月の終わりの日没後、鮮やかな色の靴紐を結んで揚々《ようよう》と家を飛び出たが、３００ｍも走らないうちに息が上がり、血の味がした。死ぬほど暑くて汗びっしょり。考えてみれば学生時代の部活でも走り込みが最も苦手だったのだ。今すぐやめたい。

しかし私は決めていた。「絶対に自分と戦わない」。走れなければ歩き、また落ち着けば走る。世のマラソンピープルの掲げるスローガンに乗っからない。タイムを伸ばそう、距離を伸ばそうという向上心を持たず、ただ無理なく続けることだけを考えることにした。私が目指すのは大きな夢の達成ではなく、倒れにくい体を作るためのメンテナンスだ。虫歯にならないように、歯磨きをする程度でいい。新庄剛志の白すぎる歯を目指さない。仕事のサイクルも変えず、無理して早起きもせず、三日に一回、余裕のある午前中に5㎞走るという「超ゆるゆるプラン」で開始して、一年が経った。

血の味のした初日から私のランニングライフはどう変化したかというと、「三日に一回」が「不定期な週二回」に落ち、ついに八月、猛暑と撮影準備の多忙さに負けて「週末の一回」に減り、今に至る。三日坊主というほどでもなかったが、凡《おおよ》そ想像通り、風前の灯火《ともしび》だ。二十年以上仕事と寝食しかなかった東京暮らしの中で、朝の綺麗な光を浴びたり、木々の葉っぱや花の変化を眺められたのはよかったけれど、上級者の語るように腹筋が割れたり、肩こりが消えたりはせず、暑くなれば苦しさもぶり返し、頻度が落ちれば距離も速度もあっけなく落ちてしまう。「羽が生えたように走れた」感覚など味わったこともない。自分と戦わず、向上心を持たないからこんな体《てい》たらくなのか、だからこそ甘えながらもぐずぐず続いたとも言えるのか。

ただ一つ自覚しているのは、毎回ふうふう言いつつ家に戻ってきた後は、倒れこむどころかふしぎと疲れを忘れていることだ。忙しくて追い込まれている時、あるいは二日酔いの時こそ、走ると憑《つ》き物が落ちたかのように体が軽くなる。ランニング愛好家のビジネスマンやクリエイターが言うほど、「良いアイデア」は私には湧かないが、とにかく気持ちが下向きにならない。以前より疲れにくくなり、少々気の滅入ることが続いても、どんよりと良からぬことを考えたりしないようになった。これがランナーの脳に分泌されると聞く「ごきげん物質・セロトニン」か！　私は週に一、二度の低レベル・ランニングによって、タダで合法の脳内ドラッグを手に入れたというわけ。しかしこの「良からぬことを考えず、健康的な発想で生きていくこと」が物書きとして吉と出るかはわからない。古今東西、表現に携わってきた者は、ひと所につくねんと座り込み、多かれ少なかれ鬱々と悩みながら、作品を生み出してきたのだ。ゴッホや太宰やヴァージニア・ウルフが、規則正しく爽やかに早朝ランをしていたら、救われない人々の魂に寄り添う名作はなかったかもしれない。

私も遂に陰鬱な作風を脱し、キラキラと健康的な映画を撮り上げるだろうか？　だとしたらランナーズ・ハイだね。もうすぐクランクインします。

堅いスクラム。

2019年12月

ワールドカップラグビーも終わってしまった。東京の街のあちこちで陽気にビールを飲んでいたジャージ姿の外国人も見られなくなり、秋の深まりのさびしさを感じてしまう。連続して試合の行われることの多い野球やゴルフ、テニスの大会と違ってラグビーの飛びの試合日程に私は慣れておらず、細かくテレビ中継の情報をチェックしていなければうっかり好カードの録画をし忘れることもあった。私も今、W杯にあやかるように四年ぶりに映画の撮影現場に立っているが、「しまった、今日はニュージーランド対ウェールズの三位決定戦……」とカメラ横で密かに頭を抱える瞬間もあった。

スポーツの祭典が自国の周辺で行われるとき、現役世代の働き手たちはかえって生の観戦が難しい。録画した中継を後から観ても同じ体験はできるはずだけど、仕事が終わってスマートフォンを取り出した瞬間、ニュースや生で観ていた人たちからの発信の痕跡が目に飛び込んできて、不意打ちを食らわされてしまう。

『速報：ラグビー日本、アイルランドに歴史的勝利。19—12』……ちょっとぉ！　黙っててくれよもぉー。私は疲れた体に鞭打ってでも、その「歴史」を自分の目で目撃したかったのに。これが情報社会の落とし穴というやつか。

以後はその日の撮影を終えた後、携帯には指一本触れず、目を閉じ、耳をふさぐようにして帰路につくことにした。玄関の扉を開け、さあ6時間前の人類と同じ気分で録画再生！　——だけどふしぎなもので、情報をどんなに遮断してみても、生で観る中継と結果が出た後で観る録画とでは味わいが違う。一度冷凍したおかずをチンして食べるのに似ている。美味しいよ。でもやっぱり茹でたて、炊きたて、炒めたてとは絶対に違う。一度きりしかない「今」という時間への興奮と畏れが除かれている。しかしそれも含めて私の思い込みだろうか。「これは生放送です」と言われて流されるものをただ信じ込んでいるだけだから。

私の映画の撮影は十月下旬にクランクインを迎えたが、新日鉄釜石で松尾雄治さんが活躍していた頃からのラグビーファンだという主演俳優との朝の挨拶は、「やっぱりオールブラックス、強いですね」「フランスとウェールズ、競りましたね」などと始まった。ラグビーは観客席が敵と味方で別れていないのが特徴で、両チームのファンが入り混じって観戦し、同じように固唾《かたず》を飲み、同じように昂ぶる、そんなところも好きなのだそうだ。様々な国籍の選手が外国人枠や帰化にかかわらず一つのチームを作り、グラウンドの中で密に言葉を交わしながら肩を組みあう様子もすっかりお馴染みになったけれど、隣国との政治がきしみ合う最中の韓国出身の具智元《グ・ジウォン》選手の粘り強い活躍もまた嬉しかった。

スポーツを観ていると、備えるとはどういうことか、戦うとは、チームワークとは、人の能力を生かすとはどういうことか、そんなことを常に考えるし、アスリートの戦いぶりや指揮官の決断を見ながらその都度何かを学んだような気持ちになる。年がら年中、脚本を書く手を止めてまでスポーツを観ているのだから、さぞかし色んなことを学習し、自らも満を持して撮影現場の指揮官の座につけるかと思いきや、いざ始まってみると、人の使い方も潮目の読みも思うようにはいかない。俳優のコンディション、スタッフとの意思疎通、天気、騒音、エキストラの動き、全ての一瞬一瞬に勝敗を分けるポイントがあり、ぼんやりして逃すと、二度と同じチャンスはこない。私の不用意な一言のせいで、俳優の演技は活気を失い、五十人を超えるスタッフが多くの時間を費やして準備してきたはずの美しい画を撮り逃し、凡々とした場面に終えてしまうこともある。全てに完璧を求めていれば、逆に知らぬ間にひずみがきて、思わぬところで足をすくわれる。一度の小さな失敗で、恐怖心や苦手意識が生じ、スランプに陥ることもある。

私のような者にとっては、心身共に追い込まれる映画の現場は四年に一度くらいでちょうど良いのだが、しかし一つだけ間違いなく楽しみにしていることがある。たった一つの楕円《だえん》のボールを囲むように、一台のカメラを中心にして、技術を研鑽《けんさん》したスタッフたちによる堅いスクラムのすぐそばに腰を下ろし、同じ方向を眺めることだ。ラグビー選手たちのなりふり構わぬ戦いぶりの美しさは多くの人の心を震わせたが、映画のカメラを取り巻く人々のひたむきさもそれに劣らない。二十代から六十代まで、男女あらゆる人間が集まって、機材の準備を待ち、セットの飾り直しを待ち、俳優が整うのを待ち、太陽が雲から出るのを待ち、救急車やヘリコプターが行き過ぎるのを待ち、通行するご近所さんを説得するのを待ち、私の迷いを待ち、そして「用意、スタート」の瞬間に全員が息を整える。真冬の朝のような、痛いほど澄み切った空気を感じる。この戦場に置いてもらうことが、私の長い長い執筆の末のご褒美とも言えるのだろう。

戦下の眼差し。

2020年2月

「スポーツなんて興味ない」と言う人たちがいる。大の大人が半裸で肉体をぶつけあったりゼエゼエ走ったり、ボールを蹴ったり棒で打ったり転がしたり、飛んだり跳ねたり滑ってみたり、一体何をやってんだと。そんなものをまた大の大人が取り囲んでワーワー騒いで、バカみたい。競り合っている当人たちはまだしも、柵越しに座って観るだけの傍観者が他人の勝ち負けにどうして落涙したり怒ったり一喜一憂できるのか。大金を賭けたりでもしてない限り、どっちが勝とうが生活が変化するわけでもなし。そもそも他人を力や成績で「打ち負かして喜ぶ」こと自体を悪趣味と感じる人もいるようだ。もっと穏やかに、綺麗なものを見てため息をついたり、可愛いものを見てほっこりしましょうよと。

「オリンピック？　興味ないね。国単位で競うってこと自体、アレルギー反応が出るわ。自国の勝利を祈って躍起になるなんて戦争のイデオロギーと何が違うの？」と日本育ちのアメリカ人通訳に言われたこともある。世界には特定の土地や国家に帰属しているという明確なアイデンティティを持たずに育つ人々も数多く存在していて、彼らの目には、国旗を掲げて血眼《ちまなこ》になって応援する人々の熱狂や咆哮《ほうこう》は、苦悩や葛藤のない単細胞のお祭り騒ぎに映るだろう。

そう言われてしまうと反論できない。「興奮しちゃうものは、興奮しちゃうんで……」と赤面するしかなかった。生まれ育った自国のチームに肩入れするのは、私の場合まともな愛国心でもなく、単に勝負事を観る上での興奮が増すからにすぎない。絶対に勝たせたくないほど憎い国もなければ選手もいない。実は大衆にとっては大したイデオロギーなんかないのだ。そういう意味ではやはり戦争と似ているのかもしれない。

そんな私であるが、世界が最高の激闘と認めた昨年十一月七日の井上尚弥選手がノニト・ドネア選手を制したWBSSバンタム級決勝をテレビ観戦して以来、一つもスポーツを観なくなった。晩秋から新作映画の撮影に突入し、余暇のない暮らしを続けているからだ。髪も切らない。金も使わない。便所にすらいつ行ったか忘れた。スポーツを観るには時間が必要だ。フィギュア、大相撲、有馬記念、箱根駅伝、高校サッカー、全国都道府県対抗駅伝……誰もがつまみ食い程度には観戦する冬のお楽しみも、一分たりと観ないまま終わっていた。最強牝馬・アーモンドアイがどうなったとか、青学が箱根で返り咲くかなどの話題も、鼓膜を覆われたように遠くに聴こえていた。

スポーツを観るよりも自分の仕事場の方が戦場らしさを増したからだ。脚本を一人で書く時間も自分との持久戦ではあるけれど、一分一秒を争う目前の事情に差し迫られ、これを逃せば後がないという緊張に締め付けられると、人はトランス状態に陥り、他人の勝負事には興味を持てなくなる。物事を勝敗で決めつけず、価値観に白黒をつけないのが映画や芸術という鑑賞物の特長だが、それは観る者にとってのことであり、作っている者たちの制作現場には「勝ち負け」が存在する。撮るべきタイミングで撮れなければ太陽も沈むし、狙った電車は行き過ぎるし、俳優のテンションは落ちる。それはすなわち敗北だ。所詮日本映画のちゃちなワンカットのことを仰々しいと思われるかもしれないが、その一瞬を迎えるまでに遅筆の私には四年の試行錯誤があり、少なくはない額のお金が投じられ、多くの人間が汗をかいて準備してきている。「敵」は全方向に存在する。許された予算枠であり、撮影時間であり、雲の合間に一瞬だけ出る太陽であり、俳優との呼応の間であり、寒暑にじっと耐える五十人のスタッフの我慢から燻《くすぶ》り出てくる重圧であり、それらに気圧《けお》され、運にも恵まれず、選択や判断をしくじれば、映画は日一日と敗北の色を深めていく。しかしそれでもなお、戦場は人を虜《とりこ》にする。負けても負けても、まだ戦える、戦いたい、とさえ思い始めるのだ。

しかしそんな私の高揚も終わりを遂げた。全てを撮りきって、先ごろ撮影はクランクアップした。映画もスポーツも必ず終わる時がくる。仲間たちは散り散りになり、私がまた別のシナリオを完成させない限り、全員が集まることはない。もう戦わなくて良い、と思うとホッとしたような、全てを失ってしまったような。

そしてまたじんわりと、自分とは別の戦いにある人たちの姿を観てみたい気持ちが蘇りつつもある。勝ち負けに馬鹿騒ぎをしたいだけじゃない。球筋を見極めたり、走るレーンの先を見つめたり、相手の出方を見て低く構えたり、肉体と精神をギリギリまで追い詰めて懸命に走りきるその眼差しには、ベテランにも新人にも一貫して、生きている今を摑み取ろうとする人の信念と純粋が宿り、いつも嘘がないからだ。スポーツを観れば、「そんなふうに生きてみたい」と思えるものに出会うことができる。いつかまた自分も、同じような目をして戦う日を迎えてみたい。

春よ来い。

2020年4月

「Number」は今号で一〇〇〇号の記念だというのに、スポーツ界がこんな事態に巻き込まれるとは。パンデミック対策で、およそ全ての試合や大会は中止や無観客開催となっている。甲子園の肌寒さに震えたり、ラグビーの客席で絶叫した去年の幸福が身に沁《し》みる。

しかし無観客でも、大相撲大阪場所の視聴率は悪くないという。めっきり中継番組も減り、テレワークで自宅に押し込められてストレスも溜まれば、夕暮れ時にはテレビのリモコンに手も伸びるだろう。よそ見をする間もない競技も多い中、大相撲は取り組みの間に「仕切り」があるのがいい。「時間です」の実況の声で顔を上げ、仕事の手を休める。勝負は長くて一分、決着が早い。終わるや否や、また集中!

いつもなら仕切りを重ねるにつれ筋肉が膨らみ、肌は紅潮し、眉がつり上がっていくはずの力士らの気合いもどことなく緩く、土俵際の攻防もあっけなく思えるのは気のせいか。

懸賞旗はまばらだし、先場所には幕内最下位にして優勝を遂げ、国技館を沸かした徳勝龍関も初日から五連敗。NHK解説の北の富士さんまで心配になるほどしょんぼりしていたし、土俵から突き飛ばされた力士はお客のいない平らな床にしたたかに体を打ち付けて、呻《うめ》き声も痛々しい。

寂しいづくしの場所ではあるが、弓取り式の弓がしんとした空気を切り裂く音や行司さん一人一人の声の違いなど、これまで気にも留めなかった音が耳に入ってくる。「のーこった、のーこった!」と大声で跳ね回っていた行司さんが、決着がつくや否や、勝った力士の方角に軍配を差し向け、「勝負あり」と呟くのを知っていましたか? 私は常に現地の歓声に釣られて「アッ、アッ、ア〜〜ッ!!」とテレビの前で斜めになって叫びながら相撲を見ていたため、生まれてこのかた一度もその言葉を耳が捉えたことがなかったのである。一段通《つう》になった気持ち。

静かな場所は様々なことを考えさせる時間もある。頭と頭がぶつかり合う音や、高さ60㎝以上とも言われる土俵から逆さまに転がり落ちてもすぐに立ち上がる力士を見て、そんな肉体を作るのに、どれだけ尋常でない日々を重ねてきたのかと改めて思う。

「一人でも感染者が出たら即中止」というサドンデス方式の中で、流血も辞さない肉弾戦にのぞむ当人たちは気持ちをどう保っているのだろう。今日まで死に物狂いで積み上げてきたものが、明日には無になるかもしれない、という恐怖は相当だと思う。五輪もついに開催が危ぶまれ始め、青筋を立てる人もいるし皮肉に笑う人もいるが、ここまで三年半、来るべき灼熱の東京の夏に挑もうと、時間を逆算しながら体を作り、自分をいじめ抜いてきた世界中のアスリートの胸中を思うと辛い。一年違えば、体も脳も抗い難く歳をとる。私も四年半かけて映画をこしらえ、ついに完成も見えてきたが、世界中の映画祭は相次いで中止となり、今やカンヌもベネチアもトロントもどうなるかわからない。

こんな時こそ自宅で観られるストリーミング配信の勝利だな、とお披露目の場所さえ侵されつつある映画の作り手たちはうなだれる。このまま、劇場や競技場に出かけてみんなで同時に何かを観るということの価値は忘れ去られてしまうのか。

けれど大人気の小兵・炎鵬関は、無観客の初日に土をつけられた後に戸惑いながらこう言った。「アドレナリンが出なかった。何のために戦うのか、見つけられなかった」。――いいねえ。お客に観られてこそ、力が出るタイプ。

プロのスポーツ選手はあんな衆人環視のもとでよく結果が出せるなあ、といつも眩しく眺めてきた。野球なら九回二死満塁の同点ピンチで「あと一人」コールが湧き起こったりするが、私がマウンドに立っていたら「頼むからちょっと静かにして」と泣き出すだろう。実際、応援に後押しされて普段以上の力を発揮するばかりではなく、プレッシャーから信じがたいミスが出ることもある。スポーツ選手は、人間だ。だから、観客によって選手は演出される。ソチ五輪が無観客で行われていたら、浅田真央さんはショートプログラムで転倒しただろうか。十六位発進の後、三回転半の成功を含むパーフェクトなフリー演技を終えた時、あの涙は流れただろうか。氷上に地鳴りのように轟《とどろ》いた声援と、天を仰いで頬を震わせた横顔とが一体になったあの映像は、人間を感動させるもの全てが詰まった、壮大で完璧なワンカットだ。

映画も、人に観られて初めて映画として誕生する。時間軸はずれていても、観る者との共同作業だ。私は、映画を観にくる人のことを最も怖れ、また信じてもいる。スポーツは観客なしでも勝負はつくし記録も出るだろうが、升席から、スタジアムの観覧席から、沿道から、それを観て声を張り上げる人たちとのアンサンブルが、さらにその外から観る者を震わせるドラマを作る。……ああ、ムズムズする。競技場に行きたい。見ず知らずの隣の人と、同じところで声をあげたい。そして、割れんばかりの大声援にもポーカーフェイスを貫いたまま、目を疑うような奇跡を起こして、「観たか」と背中で意気がる選ばれし人々を、この目で見たい。競技場に、春よ来い。

見られるはずの花は。

2020年6月

　夏の甲子園も、無くなってしまった。ああ、高校三年生。最後の春も最後の夏も失って、何を思うだろう。

　長い地球の歴史を考えれば、巨大隕石がぶつかったことも、氷漬けの時代もあったのだから、この星に住む限り、全世界が同時的に災厄を被ることが起こるのもみんなどこかでわかっていた。だけどそれがよりによって、なんで俺が高三の時に来る？　そうだよね。ほんとにまったく、ついてない。

　私の映画は完成間近である。前作からはまさに四年ぶり。二〇一六年の末に草案を練り始め、「思いこんだら、試練の道を！」と取材に資金集めに脚本作りに撮影にと重ねてきて、ついに渾身の魔球を、お披露目だーッ！と鼻息荒く最後の仕上げに取り掛かっていたが、世界中で始まるはずだった国際映画祭は次々と延期・見合わせを余儀なくされている。五月のフランスのカンヌ国際映画祭は単独開催を断念した。続くベネチア、トロント、釜山、ベルリンなども、世界中から映画人を招くいつもの形式は望みが薄い。

一部の映画祭はオンライン配信での開催に切り替えたが、正統保守を貫くカンヌ映画祭は「オンラインでの出品はしない」ときっぱり。

「お祭りであること、人々がそこに集まること、集まって物事を決めること、そして世界に影響を与えること。それこそがカンヌだ。スクリーンで上映された作品には歓声が上がり、口笛が鳴り響く。会場の表通りでは賞賛を浴び、報われ、そして売り買いされて世界中に配給されていくのだ。映画祭が作品にもたらすそれらの付加価値は、他の様式には代えがたい」とはティエリー・フレモー総代表の言葉。「リーマンショックの年に我々は銀行を救済した。今年は劇場を、映画館を、書店を守ろうじゃないか。ぼく個人的には、銀行と同様、生きていくために映画が必要なのです」

このいかにもフランス的な「文化」に対する頑迷な誇りと自信は、国が手厚く支援して来た歴史の証だ。「お恵みくださせえ」ではなく「ちゃんと守らないと大変よ。文化の質を落とせば、国家としての格も下がるんだからね」という気高い精神が根付いている。「俺たちは崇められる存在じゃない」と十八代目中村勘三郎さんは生前笑って語られたが、無視された人々の表現欲求や反骨に文化芸術を任せておくことのツケは国や為政者に必ず回ってくる。カルチャーが乏しい国は、他所から舐められるものだ。

だけど映画祭の大小にかかわらず、国外で上映してもらうとわかるのだ。外国のお客さんは、日本人が決して反応しないところでゲラゲラ笑ったり、ため息をついたりする。私が無意識に描いた言葉遣いや生活に、目を丸くしているのがわかる。日本にはこんな慣習があるのか。小さな家。ごちゃごちゃした街。繊細すぎる人間関係。前時代的な性別役割分業——外国人の視線を背負ってみると、自分たちの「当たり前」にひやりと風が当たるのを感じる。いきがっていた表現が受けなかったり、取るに足らないと思ってきたものを美しいと羨まれたり。こんなにも違うのに、時たま暗闇に漏れるすすり泣きの声に気づいて、やっぱり同じところで痛みや優しさを感じるのかと驚かされたりもする。言葉の通じない、人口も歴史もまるで異なる国のおばあさんが帰りがけに、黙って親指を突き立てて片目をつぶってくれたこともあった。人間は実に様々であり、かつ、そう離れてはいない。それは国を超えて映画を交換しあって初めてわかることなのだ。何百万という世界の映画人の力の結晶も、今年は出どころを失って封印されている。

映画はまた作れるけれど、インターハイも甲子園も、高校時代は一度きりだ——と、私には大人ぶることもできない。人生、全ての瞬間が一度きりだ。その一度きりの瞬間を、今年全ての人が反故《ほご》にしている。見られるはずだった花は散り、食されるはずだった果実は腐り、育《はぐく》めたはずの愛も触れられずに時は過ぎていく。スポーツも映画もかつてのようにはいかないかもしれない。やる者も観る者も、飛沫を飛ばしまくり、汗にまみれてくんずほぐれつ、あんなすばらしいこと、どうやったら取り戻せるのか。命なんか惜しくない、野球をやらせて、と狂おしく思う子供さえいるのじゃないか。

「命あっての物種」という言葉が、若い耳には現実感もなくすり抜けていくだろう。部屋の隅に置かれたバットやグラブを見つめるしかない少年の静かな夜を思う。みんなが辛いんだと自らに言い聞かせ、当たり散らすあてもないぶん、苦しさは煮詰まる。だけど物事に簡単に折り合いをつけるにはまだ少し若いだろ。君たちはたいてい、多くの大人よりも分別があり立派だが、どうか諦め癖だけはつけないで欲しい。そのために何か大人にできることがあるのなら、あらゆるかたちで周りの人に教えて欲しい。賢い答えは誰にもないけど、人生こんなことばかりじゃないんだ。

その先の物語へ。

2020年8月

みんな忘れてるかもしれないけれど、本当ならば今ごろ、私たちの国には世界中のアスリートやお客さんが押しかけて、やれ都内のどこが大渋滞だとか、外国人のマナーがどうだとか、暑さで何人倒れただとか、政治家のパフォーマンスがあざといとかメダルは何個目だとかと大騒動のはずだった。

「そうだっけ？　それどころじゃなくて」というのが実感だろう。私たちのことだから、始まってしまえばカーッとなって盛り上がったろうが、なければまたすんなり受け止めて、別の事案にあくせくしている。スポーツのお祭りを景気付けにすり替えようとした人たちによって五輪は真夏の東京という異常な過密都市に呼び込まれたが、そんなものを本気で景気付けにしようと考えていた庶民は元々少なかったのじゃないか。

主役のはずだったアスリートにとって延期は災難だが、酷暑の中で開催されるという時点ですでに受難は始まっていた。来年に延期されてもその条件は変わらない。全て大人らしからぬ大人たちの事情によるものだが、「あたし夏なら出たくない」「それで儲かる金を俺にもくれよ」と言い出す人はフィールドの中にはいないのだろうか。自粛中、ウーバーイーツの宅配をやってしのいだ選手もいると聞く。スポーツマンらしく、ごねずに従うよりほかない？　代表に選ばれて結果を出すことに人生を懸けている彼らにとって、大会を奪われることは生活も哲学も、全てを断たれるに等しい。映画館を封鎖された時の恐怖に置き換えれば私にもわかる。人に観てもらう機会も場所もなくなれば、私は映画を作る一切の動機を失うだろう。けれど出来るだけマシ、出られるだけマシ、と足元を見られて言われるがままに条件を飲み、「観る人に勇気を与えられれば」と決まり文句を唱えながら競技するだけがアスリートなのか。あれだけ世界中を惹きつける存在なのに。

勝負や記録にはごまかしが利きづらいからこそ、スポーツはまだかろうじて人に信用されている。政治家や文化人と違って自前の能力の明らかな彼らのような人こそが、本当はより自由闊達《かったつ》にあってほしいと思う。便利なタレントのように、やれ気の利いたことを言え、宣伝しろと担ぎ出されるが、彼らは大使《アンバサダー》ではなく、勝負師のはずだ。従順な好人物ばかりでやるのがスポーツではない。そこでなければ生きる活路を見出せなかった苦境の人や悪童が居ていい場所でもあったはずだ。難儀な人格やプライドが交叉《こうさ》するからこその江夏の21球だ。秘密や屈託があるからKK伝説は語り継がれる。人に染まらず偏屈だからイチローさんは唯一無二の存在になった。横綱審議委員会に毛嫌いされた朝青龍関のような人間的な相撲は土俵にはもうない。弱く貧しい歴史があったから私も広島東洋カープを愛している。

少しずつ各国でスポーツが再開され、客席も開放され始めている。けれどぎゅうぎゅうに人の埋まった満員のスタジアムで、競馬場や国技館で、客も競技者も汗と汗を混じり合わせて一つの戦いを作ってきた人類の習慣は、この先もさらに長く封印されるだろう。つばきを飛ばして大声で誰かを応援したり、抱き合って喜びを分かち合うことを否定された先に私たちが見つける人生の楽しさは何だろうか。絶体絶命の場面でミスを犯して膝から崩れた人の肩を抱いて慰める相手国の選手、そういう風景はもう「美しいもの」としては目に映らなくなるのかもしれない。

自分と他人との間にくっきりと境界線を作ることが是とされ、人類が懸命に信じようとしてきた連帯のヒューマニズムが否定されつつある、このいわば「悪魔の仕掛け」に対して、ただズリズリと土俵外まで寄り切られるのか、それともとんちの利いた巻き返しが図れるのか。多くのことをショートカットできることに慣れてしまった私たちは、万事がさして手間取らず、それなりのスピードで回復すると思い込みたがってしまうが、地球の歴史や生き物の歩みは本来そういうものではないはずだ。長い長い辛抱が必要になるかもしれない。人生と肉体の一番いい時期を、このトンネルの中で反故にさせられる有能な犠牲者もいるだろう。

けれども「スポーツがなくなったって」というわけにはいかない。どんなに長引いても、私はしつこく待つだろう。わんわんと轟くような大歓声を一瞬で完璧に黙らせるホームランを。ミラクルショットを。背負い投げを。月面宙返りを。そしてそれが人にもたらす物語を。生きていくことはくたびれるが、でも、今晩サッカーやるしな、と思って踏んばれることもある。新しい物語への期待が、多くの人を明日も生かしている。

五年間続いた連載ですが、これが最終回です。「もう書かなくていい」と思うと、久々に手ぶらでスポーツを楽しめる気もします。無観客でも十分贅沢。今度こそ本当に、遠きにありて。長い間、どうもありがとうございました。

ハコウマに乗って

あとすこしほしい

2021年3月

今号からの「文藝春秋」の新参です。読者の方には耳慣れないと思われるタイトルをつけたので、その説明から。

「ハコウマ」というのは生きた馬ではなく、演劇の舞台や映画の撮影現場で使われる、ベニア合板などで作られた木製の箱のことをいう。「馬」は踏み台を意味し、「箱馬」と書くようである。大きさはランドセルよりちょっと縦長、ハリウッドではリンゴの木箱にたとえられ、「アップルボックス」とも呼ぶ。機材屋さんのホームページで確認すると、縦50cm×横30cm×高さ20cmのものを標準サイズにして、さらに高さの低い種類がいくつか揃っている。面に指先が入るほどの穴が空いていて、そこを持ち手にひょいと運べる作りになっており、それ以外は飾りけも愛嬌もない空っぽの箱であるが、これが現場にあるのとないのとでは撮影の融通が大きく変わってくる。

「あとすこしほしい」という時に出番がくる。カメラの三脚を目一杯伸ばしたが、あと少し高くしたい。恋人同士の男女のバストショットを作るとき、身長差を埋めて、あと少し顔の高さを近づけたい、腰掛けてちょっと一服したいが座る場所がない——そんな時には「箱馬！」のお呼びがかかる。底上げしたい高さに応じて平置き、横置き、縦置きと使い分け、大抵のモノや人の高さ調整はこれで足りる。撮影は高い堤防や斜面によじ登って行う局面などもあるが、いつの間にか誰かが複数の箱馬を階段状に積み上げてくれて、衣装を着込んだ役者も楽に行き来できる足場が作られている。「便利箱」とも呼ばれ、「ベンバコ」「バコベン」などの通称も聞く。

私自身も随分足らないところを補ってもらってきた。助監督として働いていた二十代の頃、カメラアングルや照明が整うまでの数十分、俳優の代わりにセットの立ち位置に立つ「スタンドイン」と呼ばれる役割があった。予算の潤沢なCMや海外の現場では、役の俳優と同じ身長のスタンドインのプロを雇い、似た衣装を着て立たせるそうだが、日本映画の現場では切り詰められ、助監督がその役を担う。

しかし大方の男優、女優はすらりとした高身長、１５３センチの私が代役で立ち位置に立つと、ファインダーを覗いたカメラマンは「ちぇっ、全然わかんねえや」と天を仰いでしまう。そのため箱馬を置いてその上に乗り、俳優の顔の高さに自分をアジャストしていたのである。しかしその場で棒立ちの芝居の場合はいいけれど、歩いて動く場面の時は、スタート地点こそ身長を合わせているものの、一歩踏み出せばがくんと凹んで153センチが歩き回ることになり、再び「ちぇっ、もう役者入れてくれよ」とケチがついた。私は踏み台となってくれた箱馬を抱えてそそくさとセットから退散、ちょっと早いんですが、と役者を呼びに行ったものだ。こうなったら現場に竹馬を導入するしかないと私は真剣に考えていた。

監督になればそんな役割からはおさらばだ。ちっちゃな頃からちっちゃいが、惨めな思いをしたくなければ権力を持つしかない——と思いきや、今でもカメラのそばから俳優の演技を見ようとすると、男性カメラマンが構えたレンズの高さに自分の身長が及ばないことが多い。離れた場所にケーブルでつながれたモニターを見ればカメラが捉える映像は正確に見られるのだが、至近距離で役者の息遣いのようなものを見ていないと気づかないこともある。三脚脇に爪先立ちになって、野次馬に埋もれた子供のようにやっとこさ芝居をのぞいていると、気の利く照明部さんや撮影部さんが黙って箱馬を私の足の下に滑り入れてくれる。「ああ、どうもすいません」。一日の撮影のうち、いったい何度この言葉を人に言うのか。いっそ首から箱馬を吊るして歩きたいよ。

肉体労働に近いムードの映画の撮影現場において、体格の悪い自分は形勢不利だとずっと思い込んでいたが、それも言い訳に過ぎなかったように近頃は思う。新作『すばらしき世界』の現場では大きなカメラを担ぐ撮影部にも、20㎏近いライトを運ぶ照明部にも、3mのマイク竿を支える録音部にも、大型バンを何百㎞と走らせる制作部にも、小柄で華奢《きゃしゃ》な女性スタッフが加わっていた。みんなキビキビして、清々しくて、仕事が正確で、自らの持って生まれたものに囚われているような陰鬱さは見当たらない。

撮影ポイントまで、巨大な機材を一人で担ぎ続けるにはあまりに長い道のりの途中、上司の男性が「ちょっと代わろう」などと優しい言葉をかけているのを眺めるのもまた良いものだ。人に仕事を助けられるのは、自分の力が足りないせいだと若かった私はいじけていたが、助けてもらえるだけの信頼をこの人は築いているのだと、今は見て思う。

こんな場所はそもそも自分の来るところではなかったという思いをぬぐいきれぬまま、相変わらず箱馬に乗せてもらって高いところを眺めている。「文藝春秋」に書くことなんて私に何かあるんだろうか？　とりあえず、箱馬に乗ってみます。

ふしぎなおもち

2021年4月

広島に住む大正十四年生まれの伯母は、物忘れが多くなった。

子供がおらず、大学で英語を教えていた夫は二十年前、夕餉《ゆうげ》の卓でおちょこ1杯の日本酒を「美味しいですねえ」と舐めながら眠るように逝き、以後は小さな戸建に一人で暮らしている。

超がつくほどの綺麗好きで、帰省したおりに手土産を持って訪ねても、台所の調理台、廊下、家具調度品、何もかもがピカピカに磨かれて、玄関には季節の花が生けられている。九十歳を過ぎても足腰は強く、私が東京に戻ろうとするのを見かけると、ポチ袋に小遣いを包み、軽い足取りで走ってきて手に握らせた。おばちゃん、私もう五十路《いそじ》が見えてるのに……。「ええんよ、持っちゃ死なれんのじゃけえ」

しかし数年前から物覚えが怪しくなってきた。私は脚本を書く時、実家に長逗留するのだが、その間、伯母と出くわすたびに、「ありゃ！　帰ったんね！」と新鮮に驚くのだ。そして、呼び止める声も聞かずに家に駆けて戻っては、またポチ袋。

「あんた、映画監督なんかやってるよりよっぽど実入りがいいじゃないの」と母に嫌味を言われながら、私は伯母の短期記憶――新しくインプットされる情報の記憶装置が衰えてきていることをさとった。昔からの習慣や知識はすべて体に染みついている。規則正しい生活のルーティン、家事の手際の良さは変わらない。しかし新調した電化製品は戸棚にしまい込まれ、今年小三になる私の兄の息子のことを、今だにヨチヨチ歩きだと思っている。おそらく五、六年前の時点で伯母の脳は新たな記憶を受け付けるのをやめてしまったのだ。

認知症のテストを受けたら、進行を抑えるパッチ薬を処方されたが、「これまで使ってなかった薬を貼る」という新習慣はルーティンに定着しない。母が毎日背中に貼りに通っていたが、新型コロナウィルスが出現し、通院も途絶えたそうだ。

それから一年が経ったが、伯母の世界にコロナはない。毎日居間のコタツで朝刊を読み、テレビの情報番組がつけっぱなしになっているが、その口から「コロナ」という単語は出ない。週に一度、母が車でスーパーへ連れて行く際にはお化粧をし、スカーフも巻いているのに、マスクは忘れて家を出てくる。「お義姉《ねえ》さん、今はこんなふうだから、マスクしようね」と母が使い捨てマスクを手渡すと「そうだった」とうっかりを装うが、本当はよく分かっていないと思う。伯母は社会からは隔絶されているが、何の不安もなさそうだ。

そんな伯母の妹が、昨秋亡くなった。こちらは生涯独身だったこともあり、若い頃からまめに伯母の家に通っては、病院や買い物に付き添ったり、世話を焼いてきたが、おととし末期癌がわかり、約一年後に病院で息を引き取った。少数の親戚と友人とで身辺整理して葬儀も終えたが、一番縁が深かったはずの伯母にはいまだ妹の死が認識されていない。おりに触れ、「ヤスコが死んだ？　なんで！」「ヤスコさんは癌だったでしょ」「いっ‼」

と、その繰り返しが続いている。

「その度におばちゃんはショックを受けるんだね。かわいそうに」と普段遠方に住む私は無責任に感傷的になる。人が一度聞けば済むはずの身内の悲報に、毎度、無限に心を痛めなければならないなんて。

しかし本人は都度記憶が上書きされるので、辛いことが度重なるという意識はないらしい。毎日見ている私の母はドライだ。「だって大甥《おおおい》（＝私の兄の息子）がもう小学生だって聞いた時と変わらない驚き方だもん。えーっ！　んまー！　と言ったら終わり」。確かに伯母は今日聞いた妹の訃報にも落ち込む気配はなく、台所を磨き上げ、大爆音の情報番組の前でうたた寝をしている。長く生きれば、近い人の死にすら鈍麻して行くのか。これを成熟というのかもしれない。

年の瀬も迫ったある日、伯母の家の食卓に、つきたてのお餅が届けられていた。前年までは、師走になれば亡き妹が米屋に注文し、伯母の家に届けていたのだが。

「――一体誰がこれを？」

誰かが気を利かせてくれたのならば、お礼の連絡をしなければならない。母も父も思いつく限りの当てを上げたが、女学校時代の幾人かの友人もすでに亡くなったか、健在でももはや伯母宅まで足を直接伸ばす人はいない。思い当たる親戚に連絡もしてみたけれど、皆「申し訳ないけど、私じゃない」と言う。駄目元とは知りながら、伯母に直接聞いてみた。

「このお餅、誰が持ってきたの？」

「ヤスコじゃろ」

「……ヤスコさんは、亡くなったのよ」

「ヤスコが死んだ？　なんで!!」

結局真実は藪の中。「もしや、毒餅？」と老人を狙った卑劣な犯行の線かと私は睨《にら》んだが、そう思った時には松もとうに明けていた。伯母は連日自分でお餅を煮て食べ、今も痛いところもなさそうだ。

いっそ「ヤスコ」が持ってきたということでいいのではという流れになっている。あるいは、伯母がいつかどこかで親切にした、笠地蔵の仕業だろうと。

トンネルをぬけると

2021年5月

これだけ「ステイホーム!!」と言われているのに、私は東京から旅に出た。無自覚に菌を撒き散らすやつ。ルールを無視して公序良俗を乱すやつ。お前みたいなのがいるから病床が逼迫し、ズルズル収束せず、経済も悪化——そうかもしれぬ。そうかもしれぬが……と思いつつ新幹線に飛び乗った。

二月に封切りした映画のために、九十以上の取材を受けて宣伝した。「思いついたきっかけは?」「タイトルに込めた意味は?」「主演俳優の魅力は?」……二十媒体を超えた頃から、ジュークボックスになったように自動的に口が動くようになる。私の口はもうカラカラに乾いていた。一人でどこか、遠くへ行きたい。

「ちょっと死出の旅に出てきます」

プロデューサーに断りを入れた。

「本気じゃないですよね。宣伝が無事終わって、そこそこ客も入った。そういう一番やり切った、って時に人は――」

「まあ、ある意味本気。撮った映画とそろそろお別れしないと、次へ気持ちが向きませんから」

「いったいどこへ行くんです」

「森田（芳光）監督の『失楽園』をイメージしてください。役所（広司）さん抜きの」

平日午前の乗客はまばらだった。ビルの林は冬枯れの耕地広がる平野に変わり、やがて、トンネルを抜けると雪国であった。

旅館の若旦那が駅まで迎えにきてくれた。運転席から気さくに世間話をくり始めたが、生返事でぼうっとしていると、

「――西川さんは、どちらからですか」

唐突に尋ねられ、体に緊張が走った。事前予約で住所は伝えているが、やはり問いただされているのか。「それが……東京なんですよ」とおずおず答える。私の座の後部座席からハンドルを握る若旦那の表情は見えない。

「気持ち悪いだろうな、とは思ったんですが……すいません。騒ぎませんので」

「やっぱり東京の人はそんな風に思われるんですね。僕らはウェルカムしかないんですけ

どね」

「そういうもんですか」

「うちの県の感染者数はひどい時だって、やっと二桁って数字だったんですよ。それも僕らの宿があるのは山奥の、人ともすれ違わないような町。館内は毎日消毒して回ってますけど、正直、実感ないですよ。今日もお客さん少ないんで、好きに過ごしてください」

若旦那の言葉に安心し、私は温泉で四肢を伸ばすことにした。誰とも鉢合わせない。それでもマスクを部屋に忘れると、踵《きびす》を返して一目散に長い廊下を走って戻る。マスクはお守りか、通行証か。

翌朝、雪の山をトレッキングした。スノーシューを履き、七十歳の健脚のガイドさんに連れられてブナの森を歩いた。あるのはウサギやリスの足跡だけ。

「ブナってのは、ぐにゃぐにゃ曲がって伸びる木なんです。だーから建築資材に向かないわけだねえー」

その言葉は北国の訛りを帯びている。

「一九五〇年代から国策で杉が植林されて、ここらのブナも伐採されたんです」

幹も枝も自由気ままな形で伸びたブナの森は、ある境界からまっすぐ上だけを目指す杉の林に変わっていた。

「ブナというのは効率の悪い木なんですよね。育つのは遅いし寿命は短いし、太くもならない。だけど、森を作る木なんですよ。森になると生き物が生きていけて、地面に水を貯えてくれて、綺麗な水が湧くの」

森の奥には、ひときわ大きなブナが立っていた。けれど半分はすでに朽ち、雪の重みで太い枝が折れ、満身創痍にも見えた。土地の人々が森の目印にしてきた名木だけれど、そろそろなんだろうね、とガイドさんは静かに言った。

「伐採もそばで見てきたんだよね。怒ってるでしょうか」

私に尋ねているのだろうか。なんとも答えられなかった。

「僕は怒っていない気がするんですよねえ。この辺には即身仏信仰というのがあって、飢《き》饉《きん》や災害で人が苦しむことがあったら、少しずつ栄養を抜いていく辛い修行をして、生きながら死んでいくお坊さんがいたの。何年も木の皮や実だけを食べてくと腐敗成分が体から抜けて、最後は自ら土の中に入って、天然のミイラになるの。このブナは即身仏になろうとしてる、って言う人もいるんだよね」

やっぱり東京から来るのを躊躇されましたか、とまた尋ねられた。先を歩くガイドさんの顔も見えなかったが、土地の言葉のせいか優しく聞こえた。

「見てほしいんですよね。冬のここらは素晴らしいですから。バブルまでは山の中腹まで大きな道路を作って、ホテルを建てて、って開発計画もあったんだけども、頓挫《とんざ》したんですよね。だからすごくいい時もなかった代わりに、今だって落ち込まないの。こういうことがあったからって、大きく変わりはしないの」

この人はもしやブナの精ではと怪しみ、別れ際に並んで写真を撮ってみたが、笑顔の老齢男性の姿はまだスマホに残っている。行くも一人、帰るも一人。人に聞いた話だけがお土産のように残っている。死出の旅は完了し、無事よみがえりました。

あおばのみち

２０２１年６月

私は、思春期の男性について知らない。

女子だけの中学と高校に通ったせいで、その年頃の異性たちと身近に過ごす機会を失ったままになったのだ。大人になればさらに彼らとの接点は遠のき、電車やファストフード店で、グループでつるみながら一言も会話せずゲームする姿を眺めるたびに、謎はつのる。彼らのノリ、こだわり、主義主張、まるでわかってない。ウィークポイントと言ってもいい。

そんな私に、ある男子高校から映画のティーチ・インをしてほしいというオファーがあった。「ティーチ・イン」とは映画の上映後に作り手が観客とディスカッションする催しである。当校の国語の先生が劇場で私の映画をご覧になり、「これを生徒に観せて、監督と直にやり取りさせてみたい」と発案されたそうだ。

こんな商売をしているが、私は大勢の人前で喋るのはつくづく不得手で、講演や学校行事のゲストの依頼をもらっても大概は断ってしまう。けれど今度の依頼書には、「高校二年生男子320人」とあった。すごい数。怖い。私の知らない世界。こんな機会は滅多にないだろうから、お引き受けすることにした。

主役の役所広司さんに伝えると興味津々で、「無礼なことを言う輩《やから》がいたら、後日ぼくが殴り込みます」とも。宮下あきら氏の漫画に出てくるような、窓ガラスが全部割られた高校を想像されたのかもしれないが、私が足を踏み入れたのは都下の閑静な立地に建った、幼・小・中・高一貫の緑あふれる名門校だった。さりとて含羞《がんしゅう》の十代、少年たちは素直に手など上げてくれるだろうか。

「それは心配ないと思います。かなり積極的なので……」と先生は苦笑された。

「多くの生徒が幼稚園からずっと一緒で、お互い遠慮もなく、無邪気というか、一般の高校生に比べると……ちょっと幼いと感じられるかもしれません」

「幼い？」

「兄弟以上の感覚で、スキンシップも多いんです。お互いの膝に乗ってたりとか」

「高二男子が？」

同席した男性プロデューサーの顔を見たら、笑いながら首を傾げていた。

立派な講堂で、マスクをした320人が拍手で迎えてくれた。先生の見立て通り、始まるや否や、手が上がるわ上がる。

彼らは様々に考えを聞かせてくれたが、彼らが口にする大人びた言葉はまだこなれておらず、こちらの頭の中で意訳しないと汲み取りづらい。反面、私に媚びるようなおもねりや忖度《そんたく》はなく、まっすぐ核心をついてくる。

「素直で直情的だった主人公が、偽善の方向に向かってしまったのはなぜか」

「主人公がすごく子供っぽい」

「低予算に見えるけど、どこにお金が一番かかったか」

「最後に主人公を死なせたのはなぜか」

「親に虐待されたら主人公のような暴力的な性格になるということか」

「正義感の強いはずの主人公が他人のいじめを見過ごす場面がある。他にどうにかできなかったのか」

「低予算」と言われた時は「これでも億のお金がかかってるのよ〜」と悲鳴をあげて先生を慌てさせたが、私も十代の頃は「日本映画はショボくて辛気臭い」と思っていた。王様は裸だ、と叫んだ子供はいつか自分も裸にされている。

中身に共感してくれる意見もあったが、総じて私が答えに窮する質問が多かった。大人の記者が聞いてくれるような行儀の良い質問ではなく、つい言い訳じみてしまいそうな、本質的な問い。

主人公はさして成長せず、成功できず、勝利もしない。「映画なのにうまくいかない」ではなく、「映画だからうまくいかない」ように私は描いているわけだが、少年たちはやきもきしたと思う。「なんでそうなるの」と。未来に希望を持ち、自分たちの進む世界を「良いものにして行く」自信もあるはずの彼らに、社会の不条理や人間の敗北を詰め込んだ私の作品は、耐え難い焦《じ》れを感じさせただろう。不条理はなぜ不条理なのか？　なぜ大人たちは世界を難しくするのか？　なぜ素直に良い世界を作らなかった？　雨後《うご》の筍《たけのこ》のように上がる手は、若い世界から既存の世界への抗議のようにも感じられた。

多分そんなつもりは彼らにはなく、その顔はマスクの上からでも輝いているのがわかり、おおらかな空間でのびのび育った少年たちの無邪気なディベート合戦に過ぎなかったのかもしれないが、ただ自由に問いたいことを声に出して問う彼らの活気が眩しかった。私も随分大人のせいにしてきたものだが、気づけば問われる側になっていたのだ。

結局何一つ明快な回答も返せないまま、学園を後にした。所詮作り手だって答えなど持たないのだ、というのが回答というところだろうか。この楽園を出た後、彼らもまた世界に打ちのめされて、口ごもる日もくるのだろう。でも君たちには互いに気ままだった頃を知る、膝上の友がいるじゃないか。いちばんいい季節だな、と思いながら青葉の道を帰った。

なつのけはい

2021年7月

何度目かの緊急事態宣言下、都内在住の八歳の甥が、スマホのビデオ通話越しに『ズッコケ三人組』を音読してくれる。

「すごい速いから、聞いてて」

まるで見習い落語家の「じゅげむじゅげむ」。早口すぎて内容も面白さもさっぱりだ。こんな朗読じゃ先生にも褒められないだろう。あくびを嚙み殺しつつしみじみ思う。正月も大型連休も親族で集まれなかったけど、無双のネット回線がある。電話代の無駄だからもうやめなさい、と言わなくていい時代。豊かなものだ。

「だけどそんなスピードで読んだんじゃすぐ読む本がなくなるでしょ」

「そうなのよ、図書館もやってないしさ」

甥の母親が隣からぼやいた。

そういえば、都内のレンタルビデオ店も休みだった。古い映画の在庫を渋谷のTSUTAYAに電話で尋ねたら、「緊急事態宣言中は休業します」というアナウンスが流れた。私が探していたのは昭和前期の喜劇の名手・斎藤寅次郎監督が終戦直後の焼け跡で撮った作品で、中古ソフトも入手困難なVHS。そんな風に人から忘れ去られた逸品に出会える店や施設を包括しているところこそが、東京の「都会らしさ」だったのだが。それにしても、誰もがこれだけ長く家にいろと言われながら、本や映画を借りに行く場所も閉ざされるとは。

昭和天皇が崩御した時、私は初めて「国民的自粛期間」を経験したが、テレビはニュースや追悼の特集番組を除き、バラエティやCMを一切取りやめ、私の通っていた中学も休校になった。降って湧いたような数日間で浮き足立ったが、休み明けの全校集会でマイクの前に立った老教頭は、軽薄な世相を川柳調で嘆いてみせた。「弔いに、飽きて二日で、ビデオ屋へ」――おみごと！　と今なら笑ってあげられるけど、当時の私は「文化の敵」と毒づいた。きっとその頃まさに足繁くビデオ店へ通い、映画にのめり込んでいったのだろう。反抗期の只中に元号は平成に変わった。

出口があると聞かされながら、トンネルが続いている。もやもやするし、はけ口はないし、こんな時にはスポーツでも観てスカッとしたいぜ、とテレビをつければ今場所も照ノ富士が強い。好調の阪神が読売を叩いている。……でも、あれれ？　ゴールデンウィークの最中まで無観客だった国技館にも東京ドームにも観客が戻っている。

「えー、ずるーい」

映画産業に身を置く者としては、つい口が尖る。東京と大阪では緊急事態宣言延長に伴い、大手シネコンはいまだ終日休業だからだ。映画館の換気設備は整えられ、スクリーンの中で息づく人々は光の幻に過ぎず、観客はマスクのまま会話もしないのに。……わかっていますさ。スポーツにおいて、お客さんは花。無観客は選手の士気に影響し、興行ももたないってことくらい。だけど土俵から転がり落ちた汗だくの力士を砂かぶり席のおじいさんが大喜びで受け止めているのを見ると、「ちょいちょーい！　今のがセーフで映画はアウト？」と声が上ずる。やはり仕切り直し五輪の夏に向けて「スポーツだけはいかなる異様な状況でもやる」というスタンダードが仕立てられつつあるのか、と訝《いぶか》ってしまう。

「人の流れを減らすために」という名目で映画館が封じられる一方で、撮影現場は止まっていない。俳優同士は大声で怒鳴り合いもさせられるし、ラブシーンも撮影しているだろう。検温、消毒、フェイスシールド、色々対策されているが、本番だけはどうにもならない。なかなか危うい職場環境だ。

「僕たちは直前までどんなに怖いな、嫌だな、と思っていても、カチンコの音を聞いた瞬間に、熱いも痛いもなくなるように調教されてるから」とは役所広司さんの言。まさに役者の鑑《かがみ》、と思う一方で、台詞以外は黙してただやるしかない立場の彼らに、私たちは随分無理を強いて来たのだと改めて思う。スタッフと俳優にPCR検査をさせる組もあるが、自前の制作費から捻出するのが基本で、プロの医療者を常駐させる余裕もない。

スポーツばかりが厚遇されて、とひがんでいるわけではない。映画は特別手厚く支援されない代わりに、誰かの道具立てにもされていない（今のところ）。ひきかえアスリートのジレンマたるや。

あらゆる業種の人が不安と苦境にある地で、祝福されない舞台に各国の第一線の競技者を招き、冷ややかな視線の中で力を発揮せよというのはあまりにも残酷だ。かく言う私にとってもスポーツ観戦は猫にマタタビ。たった一つ楽しみだったものに対して、「ずるい」とか「やってる場合か」などと歪んだ感情を抱くこと自体、ずさんな誰かが空けた穴ぼこにまんまと足を取られたみたいで、情けない。

しかし号砲を聞いた途端、私は反射的に食い入るだろう。そうしてマタタビに狂っている内にまた様々なことをうやむやにされ、煙に巻かれる。おもてなしはできなかった。復興五輪にもならなかった。その失敗は、選手たちの美しく、磨き抜かれたプレーによって感動にすり替えられる。これはやっぱりスポーツへの冒瀆《ぼうとく》だと、私は感じてしまうのだけれども。

ぼたんちりゆく

2021年8月

二〇一二年ロンドンオリンピックの開会式会場で流された映像では、バッキンガム宮殿にジェームズ・ボンドが乗り込んで、本物のエリザベス女王をヘリでエスコートしていたなあ。最後は女王自らユニオンジャックのパラシュートで会場に降り立つというトリッキーな演出付き。五輪の開会式にあんな風に国を挙げての祝福ムードが存在したなんて、今ではおとぎ話のよう。六代目ボンドのダニエル・クレイグ氏もシリーズ引退を決意し、最終章となる新作タイトルは『NO TIME TO DIE』。「死んでる暇もない」はずなのに、公開はいつまでも決まらず、生殺し状態が続いている。

世界中の劇場も長らく閉ざされたが、映画祭も中止や縮小された。せめてもの幸運は、オンラインのテクノロジーが追いついていたということだ。遠方の人でも、チケット代を払えば自宅で各国の最新作を観たり、映画人らのシンポジウムに参加できるようになった。

カリフォルニア州で小学生の息子を2人育てる私の友人も、子供たちが寝た後にイリノイ州のシカゴ映画祭での上映を観てくれた。これはコロナがもたらした革新だ。赤ん坊がいても、闘病中でも、砂漠の真ん中に暮らしていても、今後は各地の映画祭を覗きに行くことができる。

小・中規模の映画祭では、上映後に登壇し、お客さんとの質疑応答がある。去年からはこれもオンラインで行われ、チャットで寄せられた外国の観客の質問に私が自宅の書斎から答える機会も経験した。

その中で、「日本のヤクザはもう衰退しているのですか」という質問を幾度か受けた。私の作品の主人公は、かつてヤクザ社会に身を置いた男という設定だったのだ。刑務所で十三年の服役生活を終えた末に更生を誓って奮闘するが、社会にすんなりとは馴染めない。思わず昔の兄弟分を頼ろうとするのだが、彼らの組織も暴力団排除条例による締め出しで活路を断たれ、解体寸前であるというエピソードを織り込んだからだろう。

欧米の映画ファンの中には、日本映画のアイコンとしていまだにサムライやヤクザを挙げる人も多い。高倉健や鶴田浩二、藤純子、菅原文太など往年のスターの魅力を滔々《とうとう》と語るシネフィルにも出会うし、任侠道の特殊な通念や儀式、九〇年代に北野武監督が世界に放ったクールな暴力の世界は、日本という国の謎めいたオリエンタリズムの一部として、畏れと憧れを抱かせ続けてきた。「わからない」というより「まだまだわかりたくない」、そんな宇宙のような魅力がヤクザの世界にはあったのだろう。「ヤクザはもう傾いているのか」と私に尋ねる彼らには、沈みゆく夕日を見送るような名残惜しさも見て取れた。

私は脚本を書いていた二〇一七年ごろ、幾人かの元暴力団員の人に会って取材させてもらう機会があった。

「ヤクザなんかいなくなれ」という風潮の中で、実際に組織を抜けた人たちは、離脱後も5年間は自分名義で銀行口座を開けず、家を借りられず、無収入でも生活保護も受けられなかったりと、更生のきっかけを摑み損ねるケースが多いと聞く。「やめろと言われて、いざやめたら生きる方法がない」というのが彼らに共通する主張だ。私に話をしてくれた人たちは、内縁の妻の助けや協力者の手引きによって、介護職や自営業、清掃業などの仕事についていたが、職場では偏見に怯え、トラブルを避けながら身をすくめ、ただ時が過ぎ、自分自身も世の中に溶け込むのを待つ様子だった。

介護施設で働き、資格取得の勉強をしているという人に、「社会に出て辛い思いをしたことはありますか」と尋ねると、「面と向かってなら何を言われてもいいんです。言われても仕方がないですし、耐える覚悟もあるんです。ただ、じかに接しているときは愛想良く、受け入れてくれているように見えていた人が、裏で悪口を言っていたのを知った時は……」と言ったきり絶句して、むせび泣いた。顔を紅潮させ、うつむいたまま肩を震わせた。当惑した。まさか元ヤクザ屋に目の前で泣かれるとは。恫喝、脅迫、暴力、私の想像も及ばない修羅場も見て来たろうに。けれどヤクザでも子供でも、人間の心がくじけてしまうのは、同じようにささいな人と人との断絶なのか。

そういう人間の表裏には慣れていないのだ、と支援者の人は語った。彼らの共同体では、仲間は仲間だし、反目する相手とはとことん反目する。「あなたたちの社会というところは――」と逆に問いただされている気がして汗が噴き出た。

かつての高倉健が、菅原文太が、長袖シャツの下に緋牡丹や昇り鯉を隠し、介護の現場や工場で、柔和な笑顔をたたえながら日々を送ろうとしている。

「残念ですが、私も皆さんも熱狂した、あの胸のすくようなヤクザ映画はもう日本からは作られないでしょう」と私は画面越しに告げた。ドイツからの質問者が残念そうな顔をしたかどうかは、チャット上ではわからない。また直に会える日までに、ヤクザも道を開ける、血湧き肉躍る映画を作れればいいのだけれど。

ゆきのしわざ

２０２１年９月

テレビＣＭの仕事で、子供の中学受験の場面を撮ることになった。企画したのはクライアント企業の男性で、二人のお子さんが都内の有名進学校を受験したそうだ。

「僕の周辺の親には三つのタイプがいます。一つは自身も高学歴で、将来良い人生を送るために中学受験は不可欠、と信じている部類。二つ目は、子供は好きなことを見つけて生きていくべきで、やりたいことを優先させたい、というタイプ。もう一つは、学歴が全てではないが、好きなことだけやって我が子が成功するかは不安。受験させるべきか、でも遊びの時間を奪ってまで促すことなのか、と葛藤する部類。僕はこのタイプで、高学歴の妻との間にずいぶん隔たりを感じてしまいました」

東京の真ん中あたりにある小学校では、クラスの三分の二近くが受験するそうだ。

「友達の成績の上下動も一目瞭然ですし、ネット上で志望校の誹謗中傷も飛び交ったり、親もそれなりに病みますよ」

「でもそう言いながら興奮してもいるわけでしょう。子供が競走馬みたいに思えてきてるんじゃないですか?」

人の親になったことのない私は、こういう時に意地の悪い言葉を吐く。しかし私にも中学受験の経験があるのだ。幼稚園の頃、従姉が通っていた山の上の私立校の学園祭に遊びに行ったら、お化け屋敷で脚を冷たいこんにゃくで摑まれ、心も一緒に摑まれた。加えて昔から一つの共同体に長く居着けない性分で、小学校の高学年になる頃には住む町から出たくなっていた。

しかし親に頼んで進学塾に通わせてもらってみると、自分の実力は県下では「中の中〜中の下」だということがわかった。同じ小学校から「ゆきちゃん」という地元の名士の一人娘が通っていたが、小柄で色白で腺病質で、「深窓の令嬢」を絵に描いたような彼女は、学校では目立つところもなかったのに、模試の成績はしょっぱなから「上の中」に位置していた。

ゆきちゃんは母親の母校だという市街地の私立女子中学を志望していた。

「お母さんの母校だからって、自分が行きたい学校なのそれは」私は、余計なことを訊いた。ゆきちゃんは、濡れたようなまつ毛を瞬かせ、口ごもっていた。

私は彼女よりずっと成績が悪かったが、お化けの中学の偏差値は高く、けれど他に行きたい学校もなく、「お化け屋敷、お化け屋敷」と呪文のように唱えながら、躍起になって夜更けまで机にかじりついていた。だけどどれほど頑張っても、合格ラインには届かず停滞していた。

そんな私にゆきちゃんは、「みわちゃんはすごいね。自分でしたいことが決まってるんだもんね」と澄んだ声でつぶやいた。別に私はしたいことなど決まってなかった。単に自ら鼻先にぶら下げた人参にかぶりつくことに熱くなっていただけなのだ。今もそうだが。

「まあゆきちゃんも、中学に入ったらしたいこと見つけなよ」

バカのくせに上からものを言う私。

「そう言われると、見つかる気がする」

ゆきちゃんは、全くどこまでも人間ができていた。

試験の日。私の出来は予想通りのキワキワだった。もはやこれまで、と伏せた解答用紙を前の席のゆきちゃんに回した。

合格発表には一人で向かった。「ダメだった時、どう気持ちを持っていくか」と考えながら坂道を一歩ずつ踏みしめていたら、上の方から呼びかけられた。ゆきちゃんとお母さんが、並んで下ってきた。

「おめでとう。みわちゃん受かってたよ」

「え、ゆきちゃんは？」

「わたし、ダメだった」

えええ？　んなわけねえだろ！

「見ておいでよ。よかったね」

「ゆきちゃんは」

「わたしはお母さんの学校に受かってたから」

息を切らしながら丘を駆け上り、掲示板を見ると、確かに私の番号はあり、一つ若いゆきちゃんの番号は抜け落ちていた。替え玉——という言葉を知ったのは後になってだが、私はゆきちゃんによる解答用紙すり替え工作を確信した。

別々の中学に進学した後、たまに朝のバスの中で出会うゆきちゃんは、仕立ての良いブレザーに痩身を包み、相変わらず籠の鳥のような眼差しを車窓に向けていた。私はすね毛ぼうぼうの女ばかりが通うお化けの中学で、恋もせず、教師に口答えをし、野猿のように生きていた。そこが自分の行きたい場所だったことすらもう忘れてしまっていた。けれどあの時ゆきちゃんは、自分が見もしないような夢に悪あがきする私のために、何かを分けてくれたのかもしれない。証拠はない。証拠などないが、もしもそうだったとしたら、あの小さな朝露のようなゆきちゃんが自らの意思でやってのけた、最初で最後の蛮行のような気がして、私は今でも胸がたかぶるのである。

大人になってから誰かにこの話をしても「そんなこと不可能でしょ。あなたの実力だったのよ」と言われるが、私はそうは思わない。そう思わないほうが、夢がある気がしてならない。

スウィングきらり

2021年10月

なんにせよスポーツについて考える機会の多い夏だったが、私は先日、野球選手を目指す小学六年生という設定で、一人の少女をテレビCMに起用した。

同級生が中学受験に備えて塾に通ったり夜遅くまで勉強するのをよそに、彼女はプロを目指してひたすら練習しているというシナリオだ。自らも野球経験のある父親は娘の夢を応援しつつ、現実は甘くないと内心葛藤している。冒頭に、父が放り上げる球を、少女のバットが鋭くミートする場面を書いた。これをごまかしなしにやれるのは、野球経験のある子しかいない。

けれど子役のオーディションは骨が折れるのだ。彼らの多くはまだ実績も技術もない。天性の勘、魅力、理解力の伸びしろを、私たちがゼロから見極めなければならない。そして彼らは予想外に成長もする。台本のト書きさえ読めなかった子が、二度、三度やる内に異様な速度で感覚を摑むこともあるし、確実だと思っていた子が突然固まってしまうことも。大人の俳優なら七、八人も会えば目処が立つが、子供の場合は五十人、多い時には数百人……樹海を彷徨《さすら》う気持ちだ。

輝く石は簡単には見つからない。さらに野球経験者——ああ、これでまた何週も土日返上だ……と思っていたら、「いました！」といきなり朗報が入った。撮影に参加してくれるボーイズリーグのチームと交渉していたところ、「今は中一でOGですが、去年までエースで四番を務めていた逸材が」と一人の少女を推薦されたのだ。試合中に撮られたらしき、美しいバッティングフォームとマウンドでの投球の瞬間の写真を見せられて、私は誰かと恋に落ちる瞬間を思い出した。

「彼女自身は、出てもいいと言ってくれてるんですか？」

「チームコーチをしているお父さんが実は元俳優で、本人も、興味があると」

決定だ。演技経験なんかいらない。このスウィングに勝る説得力はない。何てツイてるんだ。交通事故に気をつけなきゃ。

私は子役と仕事をすると、子供に「虚」を背負わせている、という負い目に襲われることが多い。ありもしない感情の芝居をさせ、思いもしない言葉を発させる。彼らがうまく演じられないとき、それは私の嘘が下手だからだという気がしてくる。「こんなの全部うそなのに」と子供は心の中で暴《あば》いているはずだ、とふと怖くなるのだ。裸の王様の怯えだろうか。

けれどその十三歳の少女が持ってきてくれた汚れの染み込んだユニフォーム、擦り切れた用具バッグ、何十万回と振ってきた金属バットは全てに命が宿っているようで、私はいつもの後ろめたさから解き放たれる嬉しさがあった。

塚本ももちゃん。日焼けしたお父さんとやってきた彼女と対面すると、体が大きく、口数は少ないがゆったりとした風格があり、笑うとあの人によく似ていた。

「誰か目標にしている選手はいますか？」

「……大谷翔平さん、です」

「……似てるなあ、と思ったのよ！　言っていいのか迷ったけど」

「ふふふ」

バットを振らせれば圧巻だった。レフト前ヒットで出塁してほしいと言えば、何度でも同方向に飛ばすことができた。初めての演技も気負いなく本人のありのままのようで、そのくせこちらの細かい注文は一言で飲み込み、クリアする。

しかし、すごいのは彼女だけじゃなかった。

「次、2アウト一塁から四番の子のセンターオーバーで、ももちゃんが一塁から本塁めがけて突っ込むから、外野はタイミング合わせてバックホーム頼むぞー」と助監督が号令をかけると、チームメイトも対戦チームの小学生も「はいー」と二つ返事でその通りの展開を再現できるのであった。シナリオのない勝負の世界でしのぎを削る子らにしてみれば、私たちの要求など朝飯前なのか。気温三十度に達する梅雨の終わりの河川敷で、半日がかりの撮影も涼しい顔。ああ、鍛錬……。

「俺、俳優になろっかなー」と相手チームのキャッチャーの子が撮影後ににやにや呟いた。

「いいと思うよ。いい顔してるもの。でもプロ野球選手になるんじゃないの」

「その後で。セカンドキャリアだよ」

硬式野球は中学まで男女混合だが、高校野球では女子の公式戦参加は認められていない。多くは全国に四十余りの女子野球部のある高校に進むか、ソフトボールに転向、という進路をたどるという。今夏は女子高校野球全国大会の決勝戦が初めて甲子園で行われ、歴史的エポックとなった。色んなスポーツが形を変えつつある。ももちゃんがプロ野球の世界で活躍するような未来が来たらなあ……とぼんやり水島新司さんの漫画のような夢想をしたが、中学に上がった彼女は、今は女子同士のチームスポーツを経験したい、とバスケ部で活動しているそうだ。そのしなやかさが、きっともっと将来を広く明るくしていくはずだろう。俳優業をやるなら、その後の、また後で。

（ご協力くださった「世田谷タイガースボーイズ」は、撮影後に全国大会で優勝しました。ハンパない！　おめでとう！）

あなたさん

2021年11月

いつまでたっても人とゆっくり会えないし、飲み屋は開かないし、私のようなウワバミはすっかりひしゃげてしまった。もう街の灯など忘れよう、と繰り出したのが山。書き物の仕事の区切りがつくと山に行き、息を切らして歩くのだ。より高い山を目指すような意気はないけど、肉体の苦しさは、楽しさと同じだけ連続してきた日常を忘れさせてくれる。

広島の自宅から近い400m超の山に登ってみたら、数年前から頻発するようになった豪雨災害で道は崩れ、大きな木が根こそぎ倒されていた。登り切ると市内が一望できて、瀬戸内の島々まで見渡せた。霊験あらたかな山頂で瞑想でもして人生見つめ直すかな〜、などと思っていたが、ウィンウィーン、と何やら賑やか。見れば白髪の男性が草を刈っていた。こっちは水とおにぎりだけ背負って登ってヘロヘロなのに、電動草刈機を担いで来てそこから仕事、ってどんな体力なんだ。と感心していると、じきに男性は「ガソリン切れちゃった。今日はここまで」と独り言のように言って、私の隣の岩陰に腰を下ろされた。

一人で動くと、見知らぬ人と言葉を交わすことも多くなる。聞けば男性は業者や県職員ではなく、山の保全活動をする地元の有志の方で、伸びた草木を整えたり、登山道を作ったりするらしい。

「ボランティアってことですか」

「そうですよ。八十四歳の年金暮らしです。役所にもお願いしてみるんだけど、やるのはいいが金はないよ、と言われるんです」

素人でも子供でも登れるちょうどいい山だけれど、経済効果が見込めるほどの観光地でもなし、私の来た道に三年前の雨での倒木がそのままになっていたのも納得がいった。

「私のグループの管轄は反対側の登山道なんですよ。そっちも随分崩れたけど、二年かけて直しました。名水が出る所もあって、よく水を汲みに人も来ますよ」

私の水筒は空になりかけていた。案内してもらって一緒に山を降りてみると、難所にはロープが渡され、天然の丸太で階段が作られ、往路より歩きやすく心地よかった。山を登る時に何気なく頼っている手すりや足場がこういう人たちの仕業《しわざ》とは……と驚きつつ——その日私の頭の中に、常に蠅《はえ》のようにまとわりついて離れなかった問題がある。

その男性のことを、何と呼べば良いのか最後までわからなかったのだ。こういう行きがかりで出会った人とは、名前も聞かずに別れるくらいがいい。しかし人間同士が会話を続ければ、必ず二人称代名詞が必要な文脈がやってくる。

例：「私が来た道は、◯◯の管轄とは違うんですか？」

名も知らぬ、親ほど年上の人のことを、さて何と呼ぶべきか？

ビジネスの相手でもなく、主従関係もない。丁寧に、でも堅苦しくなく呼びたい。「おじさん」？　子供じゃあるまいし。かといって八十代の男性に「お兄さん」は白々しい。「ご主人」「お父さん」などと呼ぶ向きもあるが、私はダメだ。掛け出しの頃、お年寄りに声をかけて話を聞く取材をした際、テレビの商店街レポーター風に「お父さんは――」と気さくさを装って切り出してみたところ、「僕はあんたのお父さんじゃないよ」と話を打ち切られた苦い経験があるからだ。

基本に帰って「あなた」はどうか。しかし現実の日本語において、他人同士で使う頻度は意外に低い。「あなたのお名前は？」と言うくらいなら、「お名前伺っていいですか？」と濁す。「あなた」という言葉の妙にフェアなニュアンスが、初対面では堅く高圧的にも感じられる。「おたく」はどうか。上の世代には抵抗がないようだが、ポップカルチャーのマニアの通称となった後からか、私には相手との意図的な距離感や冷徹さも感じられる。はるか目上の人をいきなり「おたく」は舐めている。かといって「あなた様」「おたく様」

ではへりくだりすぎて、山登りというカジュアルな場に似合わない。全く、なんで「YOU」一つがこんなにややこしいんだ！

日本語の人称代名詞は多様で、性別や地域によってもあまた存在する。それが日本語の楽しさ、豊かさでもあり、同時に個々の関係の距離感やパワーバランスに極めて敏感で、人間同士が対等なはずがない、という前提で育まれてきた言語文化だとわかる。「対等」が重んじられるようになった歴史などつい最近で、古い世代は愛着を込めて使ってきた「お前」や「あんた」にまで疑問符をつけられて、当惑を隠せない。一方若い世代は、古くからある豊富な呼称も使いこなせず、主語のない文脈と乏しい語彙でやり過ごす。「あなた」と「あなた様」の中間くらいの言葉があればよかったんだけどなあ。

結局私も主語のないまま何とかやりくりして、たくさん山の話を聞せてもらい、軟らかい名水を汲んで、麓《ふもと》で別れを告げた。向こうからは私に何一つ尋ねず、求めもしなかった「山の人」。やはり名前くらい聞いておけばよかったか。あなたなら、この男性を何と呼びますか？

もしもしわたし

2021年12月

夜更けにふと、用もなく人に電話をできますか。

気がつけばそんな習慣を忘れていた。前触れもなく相手の時間に飛び入りすることに不躾さを抱くようになったのは、私だけではないと思う。「電話していい時間はありますか」と事前にアポを取る時代だ。まだ会社だろうか、子供を寝かしつけているだろうか、メールの返信に追われている頃だろうか。みんな互いの時間をひどく大切にしている。

夏の間実家に帰っていたら、後期高齢者枠に入った父母はたびたび親類や友人と電話していることに気がついた。思い立てば相手の番号を押す。電話が鳴れば食事中でもテレビを見ていても、誰かも構わず取る。そして長々話に付き合い、自分も喋る。三十分、一時間、まだ喋ってるのかと思う。でも声を立てて笑っている。ＬＩＮＥのやりとりじゃこうはいくまい。

オンライン飲み会ブームも去った。基本に立ち返るべく、私もある晩友人に電話してみることにした。テレワーク中心で、離婚して高二の娘と実家住まいの五十歳。年に一度会う程度で滅多に連絡もしないけど、まあ許してくれるだろう。

「もしもし？　西川さん、どうしたの？」

「いや用はないけど、電話してみたんだよ。やらなくなったじゃん、こういうの」

「わかるよ、いいね」

互いの近況に始まり、娘の進学問題、ドラマや映画情報、五輪の感想、衆院選、と一通り喋り、ついに話題は韓国アイドル「ＢＴＳ」に及ぶ。私の一番弱い分野。

「ごめん私、よく知らないのよ。七人組だってことも最近知った」

「そんなものよ。私も娘に言われて半信半疑で動画を見たのがきっかけだけど、ハマってさ。今、一番安定してるのよ」

彼女は数年前に高熱が続いて精密検査や医者巡りを繰り返し、結果的には自律神経の不調や精神疾患と診断されて、仕事のペースダウンが定着していた。

「ばらつきがあるんだよね。昨日まで元気だったのにいきなりベッドから起きられなくなったり、言葉がつっかえて出なくなったり。人や物の名前も恐ろしいほど忘れるし、一種の認知症よね。それが病気のせいか、薬の作用なのかはわからない」

薬の効果は、服用してみないとわからない。良くなったところと悪く出た症状とを報告し、長い時間かけてその人に合った種類と量を見定めていくそうだ。

「かと思うと、気づけばユニクロで同じTシャツを十枚買ったり、夜中三時にひたすら床を磨いたりしてるの。突然部屋にペンキを塗りたくって、娘との二段ベッドは今すごくファンシーな色よ。躁《そう》状態になると、やりたかったことを無我夢中でしちゃうらしい。でも医者にはあなたは地味で堅実だって言われるのよ。預金を空にして株を買っちゃう人もいるって」

よく笑い、闊達でドライな性格だが、病は人をえり好みしないのだろう。奇異な行動や不調は仕事場で出ることもあり、周りに理解を得るまで苦労したはずだ。

「だんだんわかってくるの。『ああ来るな』って。さっきまで普通に仕事してた相手に電話して、『ごめんなさい、私たぶん明日爆発するから、休ませて』って」

それがBTSですっかり安定してるのだという。フェニルエチルアミンなのかオキシトシンなのか、脳内に分泌される自前の愛情物質、幸福物質が、処方薬以上の効果を発揮してるのか？

「恋をしてる感覚？」

「お遊戯会で息子が出てくる感じかな。きゃああっ、頑張ってえ〜！　って。浮かれた気持ちとともに、育んで行く感覚よ。西川さんが好きなスポーツのチームを見てる感覚と近いんじゃないの」

「確かに二遊間を抜ける当たりをカープの菊池がさばいたときは……」

「たぶんそれ。恋愛感情とは違うでしょ」

「滅相もないよ」

「気がつけば口角が上がってるの。気持ち悪いのは自分でも承知してる。でも健康にいいんだよね」

「続けるべきだよ。これほど罪がなく、持続可能な健康法はない」

「私、計画ができたのよ。彼らが兵役を終えて再結集して、いつか日本にくる時が来たら、私は還暦くらいかもだけど、それまで元気に過ごして生でライブを見るぞとね。受験や就職の時さえ未来にプランを立てなかった私が、初めてよ」

「いいなあ、夢があって！」

私たちの雑談に科学的根拠はなく、長電話は彼女の時間を奪い、私の執筆の手は止まった。だけどいいもんですよ。一対一で相手の肉声に耳を傾けながら、職場では聞かせられない、ためにならない話をする夜は。それが時代とコロナが私たちから奪ったものだ。一人で解決できない問題じゃないから人に話さない。取るに足りないことだから黙っておく。

そんな自制の折り重なりが人を内側に籠城させ、喜びも思いやりも冷凍焼けさせていく。彼女の回復の話を聞きながら、私の内側に滞っていた空気も入れ替わった。まるで心の換気。皆さん、迷惑承知で、今晩誰かにいきなり電話をしてみませんか？

ついのふうけい

2022年1月

実家の隣に暮らす九十六歳の伯母は、認知症の影響で新しい情報をほとんど覚えられないということを以前紹介させてもらったことがある。

普通に会話でき、長く体に染み付いた日常生活は几帳面に送れるが、私が帰省した折は、表で会うたびに「あら！　帰ったの？」と毎日驚き、かかさず新聞を読み、一日中テレビをつけっぱなしにしていても、「コロナ」という新語が本人の口から発されることはなかった。

その伯母が今年の四月、余命半年と診断され、宣告にほぼ狂いなく先日亡くなった。子供がなく、夫も他界して長く一人暮らしだったので、私の母が週に一度スーパーへ買い出しに連れ出すのが習慣だったが、「今日は行かなくていい」と断ることが春先に二度続き、「ずいぶん痩せたな」と思ってかかりつけ医に診せたら広がった癌で肺がもう真っ白だった。

二月《ふた》ほどは訪問診療と我が家からの食事の差し入れで様子を見たが、足が立たずに家の中で座り込んでいることも増え、入浴や用便がままならなくなる前に、と初夏には病院併設の施設に入所させた。積極的治療はしない方針を医師に伝え、本人にはもう病についても話さなかった。伯母はなぜ施設に寝泊まりしているのか理解しておらず、「帰らなければ」と思っているらしかったが、なにしろ記憶が積み重ならないので、いつでも昨日来たばかりのような感覚でいた。「足が立つようになるまではここにいようね」と言うと「なるほどね」と納得して見せるのが何となく切なかった。足さえ立つようになればまた自宅で元の自活をせねばならないものと思い込んでいるようだった。

入所の直前、夕食を運んだ伯母宅で小さく切ったチラシの裏のメモを見つけたことがある。「入院するらしい。気が重い」と細い字でしたためられていた。書き留めておかねばその気の重ささえ忘れてしまうと思ったのか。喜びもかなしみも、記憶の貯蔵庫に定着されなければ「思い」にはならないのかもしれない。そして人間は、幸福だけでなく辛いことや苦しいことも、失わずに自分の中に留めておきたいと願うのはなぜなのだろう。介護関係者の人々はみな親切で、あらゆる手を尽くして迎えると約束してくれていた。私は伯母に、どうか悪く受け止めず、安心して残りの日々を過ごしてほしかった。見つけたメモを返さなかった。

伯母がその後の日々を、本当のところでどう感じていたかは知るよしもない。けれど胸水が溜まったり、転移も起きているはずなのに、これまた認知症の影響で痛覚が鈍っているのか、同じ病状の人よりもずいぶん苦痛が少ないようだと医師は言っていた。毎朝施設の廊下を車椅子で押してもらうたびに、「まあ、よく磨き上げて！」と新鮮な気持ちで驚いていたそうだ。最後の晩は職員さんの目の前で果物をぱくぱく食べて、未明にベッドで息を引き取ったそうである。

伯母のように苦しみの少ないまま死ねる人も珍しいだろうが、長い時間かけて少しずつ衰えていく伯母を見ていると「老い」というものが死への真っ当な準備期間なのだと思うことが多かった。知覚・感情・記憶、「人間らしさ」の根幹でもあるそれらが徐々に鈍麻していくことによって、伯母が死について恐れたり、心配する様子は全く見えなかった。

看護師さん相手に、「あなたたちに手もかけさせるし、もうやることもないから、早く死ねればいいのにね」と毎度決まり事のように話していたが、その話しぶりには一切の暗さも嘘もなかった。生を放棄する希死念慮《きしねんりょ》の観念は、ある種の不道徳やタブーとも捉えられがちだが、伯母のそれは人生をすでにたっぷり生き切った者だけが胸を張って言い放てる健全さに満ちているようにも見えた。六歳の時には戦争が始まり、二十歳の頃に近所の川で家族の衣服の洗濯をしていた最中に広島市内の原爆の閃光を見たと言う。それからさらに七十六年も生きてきたのだ。全てが無くなり、全てが変わるのを見ただろう。

「そう言わずに、長生きしてもらわないと！」と看護師さんたちは苦笑しながら励ましてくれていたが、「そうよねえ」と軽くいなして、前途ある人々にもうそれ以上論じようとしない伯母には、虚脱というべきか、解脱というべきか、えも言えぬ「大人っぽさ」を私は感じていた。

四十七歳で独り身の私は、伯母を見ているとどうしても自らの身仕舞いを想像して、手を打つべきあれこれについて考えてしまう。一人で死ぬのはいいのだが、どこでどうやって死ぬか、介護を受けたり、施設に入るその時、すでに自分で様々な判断ができなくなっていたとしたら、誰に書類のハンコをついてもらうのか、死後の住まいの整理は誰に頼むのか――。

「あのねえ。考えるのもいいけど、あんたの場合まだ半世紀後よ。死に方の前に、今やらなきゃならないことをする！」

と、きりきりと後片付けに奔走する喜寿の母にたしなめられた。

そういうもの？

2022年2月

この仕事につく以前、私には映画関係の知り合いは一人もなかった。映画や写真や音楽にのめり込んでいた大学時代の仲間も、四年生になると出版社や鉄道会社や商社に就職を決めていったが、私は一人「映画の仕事をしてみたい」と青臭い夢に浸りつつ働き口を探していた。

そんな折、故郷の父が通う床屋の息子が映画会社で撮影助手をしているという話を聞いた。クラスの中でも物静かだったO君が、大きなカメラを担いで撮影現場に立っていると は意外だった。床屋には巨匠カメラマンの傍らに立つO君の写真が飾られているそうだ。すごーい。

私は図々しくもO君を頼って、撮影所の先輩を紹介してもらうことにした。そうしてO君のアパートにやってきたプロの「助監督さん」が、私が生まれて初めて出会った映画人であった。

「現場に入りたいって？　将来監督になりたいと思ってるわけ？　きつい世界だし、将来性はないし、君みたいな子が思ってるような場所じゃないよ」

O君が用意してくれた鍋をつつきながら、黒いジャンパーに白ちゃけたジーンズの助監督さんは暗い目をしてそう呟いた。若い女だからって、俺は本当のことしか言わねえからな、という壁を感じた。けれどそれもやみくもな排他というより、この人自身の夢のくじかれた果ての表れのような気がした。泥にまみれて仕事をしても、割ばかり食って監督になんてなれない。これだけ勉強して、情熱を注いでる俺たちがだ。それをお前みたいな半端な女が簡単に考えてくれるなよ。と言われているようだった。O君のせっかくの鍋は全く美味くなかった。

とりあえず大手の映画会社に就職するのはよそうと思った。貧乏や苦労はさておき、もっと自由で独創的な映画を作っている場所に行きたいと思ったからだ。その後私はフリーランスの助監督になって、客の入りそうにない、はちゃめちゃな、だけど楽しい現場で、予想通りの貧乏と苦労と過剰労働に首まで浸かった。撮影中は新宿や渋谷に朝6時に集合して帰宅は24時過ぎが当たり前。睡眠時間は三、四時間。二週間以上休みなしで現場が続くことも少なくなかった。洗濯、掃除、ゴミ出しはおざなりになり、部屋の中はものが散乱した。初任給は八万円。カチンコの叩き方すら知らないんだから授業料だと思って学生時代よりアパートの家賃を落とした。この仕事をする限り、将来子供を産み育てたり家を買ったりという人並みの営みはないのだろうなと覚悟した。でもまあ、「そういうもの」だろう。だってみんなまともな就職をしたのに、自分だけが子供の頃から好きだったものにこだわっちゃったんだから。

監督になってからはまた別の不安定さがつきまとった。一本の映画に、脚本作りから興行や海外行脚まで四、五年つきあうのは珍しくない。監督料など時給換算すれば数十円程度だし、「ぜひ劇場にお越しください！」とテレビカメラに向かってにこやかにPRしても、興行収入の中から私や俳優には一円も分配はない。脚本を書く間は貯金を切り崩し、取材費も殆ど持ち出しだ。撮影ではできるだけゆったりしたスケジュールを工夫するが、休みを入れれば撮影期間は延び、経費は膨らむ。予算内で健康的なスケジュールを組もうとすれば、内容を削り、妥協し、あれもやめ、これも諦め、しかないのだ。こうして日本映画は痩せ細り、韓国映画、欧米の映画に比べて、誰の目にも見劣りを隠しきれなくなった。

はっきりと言えることは、私は「好きなことをやっている」。映画作りは、出会いと結束と緊張と創造性に満ちた素晴らしい仕事だ。けれど一方で労働の過酷さや中身の乏しさについては「そういうものだ」とうなだれるばかりで、反発の仕方すら考えてこなかった。他の国の映画人は、ハードな撮影はありつつも素晴らしいセットを建て、太陽を待ち、雲を待ち、家族と時間を過ごし、子供たちからも尊敬される職業の一つとされているのに。

気がつけば私よりずっと若くて多様な才能を持つ人たちが現れてきた。けれど彼らと話をしてみると、「日本で映画を作るって、こういうものなのでしょうか……」とすでに暗い影が瞳に宿っているのだ。これは自分たちが下を向いてきたツケだと思った。「好きなことを仕事にした人間はみじめな人生になる」という慣例が、映画の仕事に限らずこの国の次世代に渡されていくのだとしたらあまりに夢がない。

映画に感動したことがあり、「自分も作ってみたい」と思ってくれた若い人に対して、「トライしてよ。いい仕事だよ」と言ってあげられる状況を作るためには何ができるのか。それは私が「良い作品作りをする」という本分に没頭し続けるだけでは埋め合わせられないことだろう。

昨年はいろんなものが停滞したけれど、停滞の中でしか気づかなかったこともあった一年だった。新しい気づきと、新しい試みに踏み出せる、良い年にしたい。あけましておめでとうございます。

めぐるあのはる

2022年3月

　十一年前の震災の時、私は実家のある広島に長逗留して小説を執筆していた。東京のアパートは食器が割れたり本棚が倒れたりとそれなりに散らかったが、本震の揺れと恐怖は体験していない。それは本来幸運なことなのだけど、帰宅難民になったりインフラの麻痺や原発爆発の渦中にある人々に比べて自分は、一人だけずるをしているような後ろめたさを感じていた。混乱と不安の渦巻く東京に帰る必要などないのに、帰らねばならないのではないか？　と焦燥を募らせた。物書きとしてのジャーナリズム精神などという高尚なものではない。仲間や友人と同じだけの苦痛を共有しておかなければ、何かが失格になる気がしたのだ。その「何か」とは何だったんだろう？

「同調圧力」という言葉がしきりに使われるようになったが、圧力など直接誰からも受けていなくても、人間には勝手に大きな流れに同化しようとする心の働きがあるのかもしれない。たとえその大きな流れが不幸や災難に行き着くとわかっていても、自分だけそこから取り残されることの方を怖がるのだろうか。

けれど結局私はその後も数週間広島に留まった。日々数を増す被害の報せや、知るほどに恐ろしい原発の情報にのめり込みそうになるのを止めるために、ネットケーブルを引っこ抜き（当時はＷｉ―Ｆｉ環境がなかった）、震災とは全く関係のない、太平洋戦争終結期の出来事を題材にした物語をパソコンに打ち込んだ。震災を知らぬ、という後ろめたさを背負いつつ、知らぬ戦争の話を書いたのだ。

二ヶ月経った頃、有志の映画界の人たちに誘われて『男はつらいよ』のＤＶＤなどを持って東北沿岸部の避難所や仮設住宅を回る上映会を手伝った。寅さんが選ばれたのは、「人が死なない」「海を連想しない」ものが多いからだと聞いた。やって来た人の多くはお年寄りだったが、時たま笑い声も漏れた。避難所近くには映画館がなく、今のように各々が端末で配信の映像を観る手段もなかったし、スクリーンで映画を観て、少しでも息抜きになればという映画人の発案だったのだ。

そんな中で出会った、ある避難所の責任者の言葉が忘れられない。

「お気持ちはありがたいけど、慰問のイベントに疲れている人たちも多いです。現実がきつすぎて拍手する余裕なんてないし、じっとしてたい。だけどこちらの人々は我慢強いですから、せっかく来てくれた方々に対しては、出向いて行って喜んであげなければ、と思っちゃうんです」

本音だろうと直感した。私たちの稼業に、災害直下のリアルタイムでできることはとても少ない。

十一年近くが経とうとしている。復興五輪と掲げられたイベントも大義はうやむやに終わり、「十年」という区切りで報道も減り、再び東北は私にとって縁遠い地域になりつつあった。年が明けてすぐ、仕事に絡めてゆっくり沿岸部を訪ねてみることにした。覚悟していたものの、瀬戸内の出の者には海風の厳しさがこたえる。五分も外にいると分厚い上着の外からでも刺すような冷気が貫き、指先は真っ赤になって感覚が失われる。人々がこの気候の中、家を失くし、海に体をさらわれたり、広い板の間の避難所で過ごしたことを想像すると、今更ながら身がすくむ。

時の流れは感じる。大きな悲劇の残像はすでに影を潜め、重機の数は減り、整うべき場所は大方整っている。「復興！」という呼び声の活気もまた収束を迎えつつあり、無表情なコンクリートの防潮堤の向こうには、牡蠣《かき》いかだの並んだ三陸の海が底抜けに美しく広がっている。しかし「この先も静かなままだと思いたがるのは、お前の無知と楽観だ」と誰かに言われているようにも感じた。その超然とした静けさそのものが、災害の歴史を繰り返し経てきた土地の迫力を帯びていた。

私が出会った町工場のご主人は、海のそばに建つ会社の一階部分をごっそり流され、建物の鉄骨だけが残されたという。家族経営の事業はすでに回復しているが、今も会社は同じ場所に建っている。事務所や重要書類は上階に移され、一階は空間のある作業場のみに設《しつら》えられた。

「作り直した壁は、次に津波が来た時のために簡単に壊れる材質のものにしているんです。そうすれば壁と中の物はさらわれても、建物の柱は残りますから」

そういう心構えで生きる人々がいるのか。来たる災難を覚悟しつつも、どうやって傷を最小限に抑え、どうその土地に生きて繋いでいくかについて、知恵を連ね、騒がず、暮らしを立て直した人々が今もいる。生きていくかぎり、今ある何かを失うことは不可避である、ということを受け入れつつ、うなだれず、その先を見据えるしなやかな回復力。いつどんな災厄に見舞われるかわからない危うい地盤に生きているという意味では、この列島も地球も皆一緒で、大きな災厄を経験した土地の人から教えてもらえることが、これからもたくさんあるのだろう。東北に、十二年目の春が近づいている。

まつりのおわり

2022年4月

またオリンピックか。困るんだ、こうしょっちゅうやられては。

私はウィンタースポーツに精通してはいないし、大会前にはまともに選手の名前も出てこない程度の視聴者だ。東京五輪で運営側も誘致する国もコロナとともにいかがわしさを露呈し、爽やかさとは程遠いイベントに成り果てた。にもかかわらず、始まってしまえば猫にマタタビ。テレワーク推進も相まって、平日朝からテレビの前に座り込む始末。何でも観る。観てはその競技ごとの面白さに没入し、「ここでトリプルコーク1440《フォーティーンフォーティ》かあ〜」などと通ぶって悦に入る。手に汗握り、自律神経が狂うほど興奮し、夜中に全ての中継が終わった頃にはぐったりして机に向かう気力も失っている。「勇気を与えられた」はずなのに、いま目の当たりにしたアスリートの万分の一も頑張らずに寝る。お前はバカか、と自分でも思う。

しかし五輪を観ている凡その日本人はこんなものだろう。だからアスリートに国を背負っているような感じを出されると、なんだかすごく居心地が悪い。彼らは何か勘違いをしているのではないか、とすら思う。確かにスポンサーやチームスタッフの期待は大きいだろうし、熱心なサポーターもいるだろう。結果を出せなければ、支援してくれた身近な人たちの苦労に対していたたまれない気持ちになるのはよくわかる。けれども、スポーツは彼らが好きで始めて、好きで続けていることだ。負けたって、私たちの暮らしが脅かされたり、国土を取られるわけじゃない。多くの国民は、「うわーっ！」と頭を抱えてがっかりしても、翌朝には普段通り会社に行ったり、家事をしたり、また性懲りもなく別の競技の中継を観始める。観る者にとって勝利の物語は爽快だが、スポーツに限っては敗北の記憶もまた、時を経るごとに味わいが深まったりもするものだ。だからなんの心配もいらない。

けれど、そんな慰めもおそらく彼らには響かないだろう。彼らが国を背負っているように感じてしまうのは、五輪への国家や政治の関与、それに連なる指導者からの圧力、メディアや一般人による執拗な口出しなどが原因だろうが、一方で「何か巨大なものを背負っている」と思い込むことは、人間の原動力にもなるからだ。普通の人間は、外圧がなければほとんど何もなし得ない。私にしても、締め切りがなければこの二〇〇〇字の原稿すら書けない。「文藝春秋」に連載を持ってるんだ！　という喜びに突き動かされているのではなく、「編集者に待たれてる……」という焦りが私を机につかせるわけだ。トップアスリートの中には、本来抱えなくても良いはずの重圧を自ら身に引き寄せ、極限的な緊張や悲壮なヒロイズムをも自分の物語にし、パワーにしていく心理もあるのかもしれない。

全ての人に期待を寄せられていると思えばこそ、過酷な鍛錬に耐え、命の危険すら伴う大技に挑める人もいる。また、それほど大きなものを背負っても壊れない精神力の持ち主だけが、頂点を争うレベルに達するのだとも思う。けれど、コタツに足を突っ込んで眺めているだけの私たちまで彼らの極限の心境に歩みを合わせることはない。もっとゆるくていいはずだ。国民の期待と相思相愛のスーパーエリートたちが圧勝する場面だけを楽しみにするなんて、それこそ本来の五輪やスポーツの目指す精神とは逆のような気がしてならない。

「多様性の時代」と言われながら、十代の選手でさえ、カメラの前で企業の広報担当なみに折り目正しく、定形文のような言葉でそつなく受け応えしているのを見ると、感心半分、寂しいような気持ちになる。けれどアスリートから個性が消えたわけではなく、彼らがカメラの前では本心を明かさないことを決めただけなのかもしれないが。

一九九八年の長野五輪のスキージャンプ団体で大逆転の金メダルを獲った原田雅彦さん

が、四人並んでマイクを向けられた際に、「やったぁ、やったあぁ〜。嬉しいぃ〜（絶句）……次行ってくれ、もう！」とヨレヨレの声でむせび泣く映像を観直した。もはや感動を飛び越えて、その邪気のない感情の爆発とパーソナリティの突出に噴き出してしまう。もうインタビューになってないし、言葉でもない。人ってこんなふうに喜び、泣くもんなのか、とただ圧倒される。五輪やメダルに価値があるのは、そういう風景があるからではないか。けれど今後メディアが現役の競技者たちからあんなリラックスしたインタビューを引き出すことは至難の業だろう。発揮される個性や言葉に水を差してきた、伝える側と観る側の責任だと思う。

スポーツを観るのが面白いのは、彼らが失敗しないからではない。困難や窮地に陥った時に、人やチームは、どのようにそれを凌《しの》ぎ、立ち向かうのか。それを安全な着地のシナリオなしに見届けられることである。テレビを消した後、フィクションの物語の続きを書こうと思うとあまりにも分が悪く、筆が進まないことが多い。これからしばらくの間、オリンピックがないことにほっとしている。

こわれる

2022年5月

宇宙戦争も、隕石衝突も、大災害も、あらゆる惨事はハリウッド映画で観ることができる。映像技術の躍進は目覚ましく、動物が痛めつけられる場面、建物が破壊され、森が焼きつくされる場面、銃弾を浴び、人の手足がちぎれる場面など、かつては実物への仕掛けに頼らざるを得なかった危険な描写を、一切の犠牲なしにCGで再現できるようになった。だから私たちは知っている。どんなに危険な場面でも、これは嘘なんだと。お化け屋敷と一緒である。怖いけど、本物じゃない。誰も傷つかない。しかも最後は、そう悪くない結末が用意されている。安全を担保されているから、どんどん感覚は鈍化し、より強い刺激を求めて行く。

けれどその反動か、私は実際に悲惨すぎる情景を目撃すると、「作り物なのではないか」「最後は丸く収まるだろう」と思ってしまう。正常性バイアス、と呼ばれる反応の一種だろうか。ことを矮小化し、安全圏に思考を逃がしたがる。初めてそう感じたのは一九九五年の阪神淡路大震災の映像だった。日本の都市が丸ごと破壊され、炎に飲まれるようなことは、自分の生まれるはるか前の昭和二十年に完結したはずだと信じていたのが、ひっくり返った。それはまさに「映画でしか観ない風景」であり、現実に起こるなんて、受け入れられなかった。

けれどそれから四半世紀、自然災害はいつも忘れた頃に各地を奇襲した。東日本大震災の折には、津波が引き金になって原発という超不自然な科学の是非を揺るがした。どれほど社会が進化しても、自然は容赦なく私たちの泣き所を突き、理由なく人を襲い、矛盾を暴《あば》き出す。一つの地域が復興しかけてはまた別で起こる災害の映像を見ながら、この列島に生きるとは、いつ崩れるかしれない尾根の突先《とっさき》を歩くようなものだと呑み込んでいくしかなかった。

その上で今、ウクライナの景色を目の当たりにしている。コンクリートのビルが爆撃され、赤い炎が出ているのを、嘘のように眺めている。破壊に満ちたフィクションの映像には麻痺しているくせに、やっぱり心が、すくんでいるのだ。本当はそこまでひどいことにはなってないのでは？　原発を占拠するとか、核兵器のボタンを押すとか、こけおどしだろう？　建物を爆撃され、荷物を抱えて欧州の国境を越えていく人々の姿を見るのは、いつもファシズムの時代を描いた映画や白黒の記録映像だった。ナチスだけでなく日本にも、またそれを打ち負かした連合国側にも共通に、子供を殺すことなどものともしない残虐な通念がまかり通った過去の時代の情景であり、まさかこの二十一世紀に、人の住む場所に、公共施設や病院に、妊婦や子供に、近代国家がミサイルを撃つもんですか。私はそういう教育を受けて育っていない。少なくとも戦後、全世界の人間がそれだけは「してはならない」と教えられて育ったはずだという幻想があった。しかし移動のバスを待ち、駅や避難所で身を寄せ合う人々の手には、私と同じスマートフォンが握られている。着ている物は小綺麗で、数日前まで当たり前に人間らしい生活をできていた人たちなのだとわかる。まぎれもなく今そこで戦火が上がっているのだ。

とみに目にするようになったブルーと黄色とは、春の陽光のような美しい色合わせだと思う。私はこの侵攻前に、果たしてその国旗をちゃんと認識していたかも怪しいが、今ではその2色を見ただけで「ウクライナ！」。土地を追われ、暮らしを失った人たちは、理不尽な武力に反対する世界中の人から支援され、声をかけられ、守られて行くべきだと思う。

一方で、ロシア国内では多くの人々が零下の街頭に繰り出して抗議活動をし、拘束されている。ニュースの放送中に反戦のプラカードを持って飛び込んだテレビ局員の女性もいた。私にはできまい。核のボタンにも手をかけかねない指導者の下で、凄まじい勇気だと思う。しかし仮に声をあげるその勇気がなかったとしても、自分の生まれ育った国が、兄弟のような隣国に攻め入っていることに動揺している人々は少なくないはずだ。彼らがいつもと変わらぬ静かな自宅の室内で湯気の立つお茶を飲みながら、切り刻まれるような焦燥を抱えているのを想像すると、これもまた救いようもなく悲しい。

誰も「奪われる者」にはなりたくないが、多くは「奪う者」にもなりたくないはずだ。それは奪われた事実よりもはるかに恥ずかしく、長く長く背徳を背負うことになる地獄への入り口だ。どうかロシアの多くの優しい市民たちを、そしてその地に今後生まれてくる未来の人たちを、奪った者、殺した者の子孫にしないでほしい。

このコラムでこんな話題を書かねばならないこと自体が憂鬱だ。もっとのんびり平和な話をして、「文藝春秋」をこってり読み終えた人の一服のページにしたかったのに。今日の締め切りから発売までの内に全ての攻撃が止んでいることを祈る。

フレッシュ、フレッシュ

2022年6月

電車に乗っていると、「フレッシュマンだな」と思しき人々を見かける。新緑のすき間から差し込む日差しに、白い襟が眩しい。去年までは大学のキャンパスで、後輩相手に「くそあちー」などと就活の愚痴をこぼしていた最古参の学生も、新たな四月を迎えると、あどけない紅顔の少年に見えるからふしぎだ。

先日、あるスポーツ紙の記者さんから「新人研修の一環で、西川さんの映画を鑑賞後に記者として質問する体験をさせたいのですが」と頼まれて、新聞社にお邪魔した。六人の新人は、男女比五対五。「筆記の点数が高いのはまず女子なんですよ。近頃はスポーツ記者志望の人も多くて」

記者生活の一年目はまず高校野球の地区予選大会に散らばって、文字通り汗をかきつつスコアブックをつけることから始めるらしい。最終的にはプロ野球の監督宅に夜討ち朝駆けをかけ、車の助手席に乗りこんで話を聞くような生活が待っているとも。特殊な仕事！

そんな世界に飛び込んだ彼らにとって、独立系の映画監督の私は招かれざる客のようでもあるが、スポーツ紙にも文化芸能欄があるから、将来映画担当に回る日が来ないとも限らない、という趣旨での研修会だろう。恐る恐る「あのう……私のことを知ってましたか？」と尋ねると、六人全員、面目なさげな笑顔を浮かべて沈黙していた。うーん、フレッシュ！

それでもみなさん、下調べした情報をもとに様々な感想をくれ、また脚本のリサーチの際に取材者として何を見るか、など記者らしい関心も寄せてくれた。マスクの下の表情は読み取りにくいが、まっすぐに質問してくれるその目が透き通っているのはわかる。

新聞社が舞台の映画といえば、『大統領の陰謀』や『スポットライト　世紀のスクープ』のように、書類山積みの机が連なるフロアで、襟元の汚れた記者たちがタイプにかじりつき、原稿が飛び交い、デスクが怒鳴り、駆け出し記者が反発し、抜いた、抜かれた、の狂騒が描かれる。ダスティン・ホフマンとロバート・レッドフォードのように記者同士の結束や友情もまたドラマチックだ。けれど私を招いた中堅記者によると、「コロナ前から会社に人はいませんよ。もうどこからでも記事は送信できますし、会社に来る暇があれば現場へ行けと言われますからね。霞が関が近いような社は別として」とのことだ。

「え、記者同士の結束は？　ホフマンとロバ……」

「まず顔を合わせる機会がないですよね。同じものを取材しに来た他社の記者との方がまだ会う機会があるというか。昔はそれこそ、会社の先輩に毎晩飲みに連れて行かれてましたけど、今はもう後輩を誘うのも難しいから……」

「まあねえ……」

こういう話題になると、決まってしょんぼりと口をつぐむのが昨今の四十代オーバーの特徴である。余計なことは言わんとこ。

なんでも非接触でできるようになった。映画の宣伝期間など、時たまメディアに取材してもらう立場から言えば、オンライン取材は最高に楽ちんだ。化粧はいい加減、下半身は寝巻き、への字口で黙考する表情も写真に撮られずに済む。質問が画面越しでもこちらが話す内容にさしてズレはないはずで、むしろグダグダと横道にもそれず、簡潔に喋れている気もする。だけど、取材してくれた記者の顔や声やその人柄の記憶は、申し訳ないことにふしぎなほど残っていない。笑ったり、互いに感心したりもあったはずなのに。その関わりの実感が泡沫のように消えている。情報の収集という意味では非接触で十分まかなえるのかもしれないが、関係性や人間そのものはそれでは変わっていかないとも感じる。

「場」というもの自体の有用性が問われ、省かれるようになった。けれど組織や集団に属することの最も有利なことは、自分以外の人間を直に観察できる場があることだと思う。人は先達の背中を見て育つ、というけれど、それは立派な先輩、上司に限らない。殺してやりたい上司や、哀れなほど無責任な先輩の背中は、見過ごすには惜しい。「あんな態度で人がついていくもんか」「下の苦労を自分の手柄にしやがって」と感じた恨みは詳細にノートに書き留めて、幾たびも見返すべきだ。一方で取引先の人の明るい声のトーンや、電話でトラブル対応している後輩の誠実な言葉使いを盗み聞き、ハッとすることもある。なんで自分にはあんなふうに言えなかったんだろう。そのままいただきだ！

今年一年目として社会に出てきた人たちは、過去二年、人とのコミュニケーションや集まりの場を奪われてきた。同級生と修学旅行に行けず、大学のキャンパスも閉ざされた青春の鬱屈を、社会で恐れずに吐き出して、巻き返してほしい。生活するために仕事をするのではなく、自分の人生を生きるために仕事があるのだと私は思う。現在社会人歴二十五年目、それだけはまだ青々と。

ぼくらのキャンバス

2022年7月

先日、戦時中の設定で書いていた小説の中に耳の聞こえない青年を登場させた。戦況が苦しくなるにつれ、虚弱体質や病気があっても若い男性の多くが徴兵されていく中で、聴覚障害のある人々が戦地に送り込まれるケースは少なかったようだ（ただし徴兵検査では詐病を疑われ、しつこく調べられたそうである）。

中には「決して喋らない」ことを買われてスパイ活動をさせられた例もあったが、多くは国内の軍需工場や農地で働いた。いずれにしろ彼らは、聞こえる人（いわゆる「聴者」）向けの言葉をほとんど残しておらず、資料集めにもやや苦労した。

彼らにとっての第一言語は手話であるが、当時のろう学校では音声日本語の習得のさまたげとみなされて厳しく禁止されていたり、教師が手話を理解していない場合も多かったようだ。私はそんな歴史は知らず、驚いた。

音を伴わず、文字言語を理解していくとはどういうことか。

例えば「حبيبة」というアラビア語をご存知だろうか？　この文字を理解するためには、私ならまず「何と読む？」と尋ね、意味を聞き、音の情報と合わせながら覚えていくだろうが、ろう者には「حبيبة」の視覚情報だけが頼りだ。ちなみに意味は「愛しい人（女性）」。

では「愛しい人」とはどんなものか——という概念については、彼らは手話を使ってくれない聴者の先生から教わることになる。……でもどうやって？　こうしてみると、かつてのろう教育下で読み書きが苦手なままになった人も多いことは理解できる。短い言葉の筆談はしても、長い文章を残している例は少ない。

コミュニケーションの溝や学習の遅れによって、知的障害や精神疾患と混同されることも多く、聴者からの偏見は強かった。今は「ろう者」「耳の不自由な人」「聞こえない人」「聴覚障害者」などが代表的な一般名称だが、かつて庶民は彼らを何と呼んでいましたか、と手話通訳者やろう者をサポートする人々に尋ねたら、今は差別語として既に出版や放送で控えられている俗称が挙げられた。

「でも……そう呼んでましたよね。一般の人の会話レベルでは。蔑称とか悪意、みたいなことを特に意識もせず」

小説や脚本を書く時には、実に悩む。リアリティに沿えば、市井に暮らす人物は「差別語」を何気なく口に出すはずだが、今の読者に合わせて、当時使われなかった言葉を喋らせるべきか——。

一箇所だけ、「A（聞こえない人物）が周囲から『○○』とからかわれ」という文脈の中でその表現例として使ったところ、版元の出版社にはやはり削除を求められた。作品末に「※現代では差別語です」と注釈をつけてはどうかと提案したが、版元の意向は変わらなかった。

たとえ「差別語だ」というかっこ付きだとしても、もはや読者の前にちらつかせるべきではない、という判断なのだと思う。当事者の尊厳を傷つける言葉、世間の差別を助長する言葉は、言葉ごと葬るべきであり、今後の世代にその知識は不要なのかもしれない。私の文脈は、それに抗ってでも「その言葉」を今発信しなければならないほど強い意義を持つとは言えず、私は言葉を取り下げた。

けれど、日常的な言葉を封じられれば、時代を遡った物語の中に、差別を受けた人を描く術《すべ》がなくなり、彼らの登場する機会はさらに少なくなるだろう、という反発はやっぱり残った。勝新太郎の『座頭市』では視覚障害者への差別語が連発されるが、あれはただの「目の見えない天才剣客」の話ではない。障害と、差別、侮蔑、それに対する反骨と孤独が合わせられてのアンチヒーローという描写だからだ。侮蔑の言葉なしには、勝新の『座頭巾』は完成しなかった。

そんなふうに「配慮」の緩かった時代を、私は時たま眩しく眺めてしまう。文学や、芸能、笑い、芸術の表現は、人を傷つける要素も多分に持っている。でもそれだからこそ、人の心に触れるのだ。

「あれもダメこれもダメ、と言われる時代になってね、もう何にも言えなくなりましたよ」という虚脱と自棄は表現者だけでなく、あらゆる人々の日常に充満してもいる。何だよ、上の世代は言いたい放題言って、やりたい放題やったのにさ。

けれど、そうボヤくときに、私たちはいつも「後ろ」を見ている。上の世代がこしらえた栄光や大胆さをなぞり、よくできたね、じょうずだね、と褒められることを期待している子供なのだ。

今、世界は他者を貶《おとし》める表現や、行動はやめましょうという価値観の合意の中にいる。それは表現や対話を堅苦しく、不自由にすることもあると思う。

けれど、これが私たちの立つ時代なのだ。過去の人の放埒《ほうらつ》なダイナミズムへの思慕を超えた先に、どんな語り口を発見できるのか。そこが以後の世代に開かれた手付かずの白いキャンバスなのかもしれない。とても窮屈で、見通しが悪く、難しい。未来、と呼ばれるのは、いつもそんなものであろうか。

はじめてのるふね

2022年8月

私は、学生時代に学級委員になったり生徒会に入ったことがない。何となく自分は、体制を変えるために権力者と交渉をしたり、理想を掲げて大勢を啓蒙する柄じゃない、と感じていた。曲がったことを正すより、抜け道を探す方につい向いてしまう。決められたスカート丈について学校側と交渉するのではなく、放課後にワンタッチで短くできる制服改造に没頭し、絶対に先生と出くわさない路地のお好み焼き屋を見つけてたむろしていた。

自らは全くスカート丈などいじらない生徒会長は、私たちを咎《とが》めもせず、一方で厳しい校則の改正を学校に求めたが、「校訓に納得した上で入ってきたわけでしょう。受け入れられないならやめてもらって結構」とベテラン教諭は言った。

ムカつく教師だぜ、と思ったが、私立校だったし、一理あるとも思った。上等だ、いざとなったらやめてやる、とすぐに尻をまくろうとする私と、「そうは仰いますが」と相手をつかまえ、今いる足場を居心地の良い場所に変えようと食い下がる生徒会長とでは、望む自由は同じでも、何かが本質的に異なる気がしていた。

映画を作る仕事についてからも、私の気質は変化しなかった。予算が少ないなら少ないなりにやる。寝る時間もないスケジュールを組まれればその中で撮り切り、場所の撮影許可が出なければ脚本を書き変える。ミニシアターが廃《すた》れ、封切り直後の動員数でしか映画を評価してくれないシネコン時代に移り変われば、それに対応した宣伝もする。数限りない妥協もしてきたが、それを「突破力」と捉え、密かに自負する空気もある。けれどそんな貧乏自慢は海外の映画祭などに行くと「なぜ作り手のくせにそんなことを許すのか？」とふしぎがられる。世界と比べれば自分たちは貧しく、遅れていると痛感しながらも、結局自分がやれることは、ある材料を工夫して、最大限のものを作るだけのことだと思っていた。

作り手は映画を撮れるだけ幸せと思い、俳優たちは出られるだけありがたいと思い、多くが惚れた弱みの中で思考停止し、寝食を忘れて働き、親の死に目にも会えない、と本気で覚悟しながら働いてきた。完全にスポ根と大恋愛モノのごった煮だ。私たちは負けない。世界を敵に回しても作品《きみ》を守る！　――でもそんな熱だけで突っ走ってきて、振り返れば若い人も女性の働き手も逃げて居なくなり、日本の実写の質と評価は、世界では相当低い位置に置かれていた。このままじゃ本当に船が沈む、と思い始めた人は多い。

6月に映画監督ら数人を中心に「日本版CNC《セー・エヌ・セー》設立を求める会」という団体が立ち上がった。私もそのメンバーに参加している。「CNC」とは、フランスにある「国立映画映像センター（Centre national du cinéma et de l'image animée)」のことだ。偶然にも同じ時期に政府が「日本版CDC」を新設する方針を発表したが、こちらは「米疾病対策予防センター（Centers for Disease Control and Prevention)」の日本版。まさに、日本にはちゃんとした疾病対策の中枢機関がないから、コロナ対策の司令塔もデータ収集もバラバラで、高い技術もマンパワーも生かしきれず、現場は疲弊し、国民は不信感を募らせ、あたふたし通しだった。その「映像業界版」と思ってもらうとわかりやすいかもしれない。

「求める会」のメンバーの中には緊急事態宣言下でミニシアターが危機に陥った折に立ち上がって支援を求めた監督らも含まれるが、当時官公庁へ助成の陳情に行っても、「それは映画界全体の総意ですか？」と尋ねられ、答えに窮したという。それはまるで宇宙に散らばった星の総意を取れと言われるような途方もないことなのだ。映画界はフリーランスの働き手と、雇用者、興行主、団体、支援する官公庁、多くの関係者がそれぞれの思惑で乱立し、環境や未来を改善したいと思う人がいても、うまく連携されず、助けが必要な人や、助ける力のある人が「俺には関係ない」「何もできない」と互いに思い込んでいる。

それらが果たして協同し、ともに同じ未来像を描けるか。フランス式は「国立」と銘打つが、上から決めてもらう姿勢をとる前に、日本でどう組織するべきかをまず自分たちで考えませんかと促していくのがこの団体の第一目的だ。

　そんなことはあんたたち作り手が首を突っ込むことじゃない、と言われるかもしれないし、本音では私も、単にプレイヤーでいたい。提言書を書いたり団体の偉い人に会いに行くより、脚本を一行でも書き進めたい。けれど〈シーン1／東京駅のホーム〉などと書く時に、ああよそう、協力してもらえるわけないし、電車を動かすお金も、CGを作るお金も足りない。「住宅街のバス停」に書き換えよう——と戦う前に矢を折る癖を次世代の作り手も繰り返すと思うと、やはり虚しいのだ。

　私の高校のスカート丈は、結局変わらなかった。スカート丈をいじくりながら屋上で油を売っていた連中で少しでも生徒会長の背中を押していれば違う結末もあっただろうか、などと今さら思ったりしながら、当時の先生も二重丸をくれそうな堅苦しいスーツに、今日も手を通す。

みるはたのし

2022年9月

少し前の話だが、福岡のPayPayドームに野球観戦に行った。私は地元広島東洋カープを応援しているのだが、今年の交流戦では福岡ソフトバンクホークスとの三連戦があり、三試合ともめちゃめちゃに負けた（7—0、11—1、8—0）。広島の主軸投手が日替わりでバッティング投手のように打ち込まれ、最後はホークスの選手も心なしか申し訳なさげに長打を放っていた。わざわざ交通費を使い、こんな目に遭いに来たとは……。

しかし歴史的に外との交流が盛んで転居者も多い福岡の土地柄か、他社携帯からの乗り換え戦略に長《た》けたソフトバンク社のノウハウなのか、不慣れな球場のビジター席で、ボロ負けする贔屓《ひいき》チームを呆然と眺めるよそ者に対して、球場は信じがたいホスピタリティを発揮してくれた。

まず、ドームの外に大々的に出展された、ビジターチームのグッズショップ。真っ赤なグッズが豊富に並べられたテントの中に、「わー……」と誘蛾灯に吸い込まれる虫と化す広島ファン。ペナントレース中に神宮球場や東京ドームの表に申し訳程度に出店されるショップとは規模が違い、早くもホークスの楽市楽座的な懐の広さを見せつけられつつ、ホームにいるような安心感を得てしまう。そして場内のコンコースに入ると、県民の誇るボールパーク・マツダスタジアムを凌ぐ、九州の食に彩られた球場グルメに心奪われ、愛郷心をほぼ失う。

ゲートをくぐれば、若い球場職員さんはチケットを確認するだけでなく、「こちらにどうぞ」と席まで誘導してくれた。まあ、なんてご親切なお方……。

世界最大級の大きさを誇るホークスビジョンを目の当たりにすると、どでかいテレビのあるお宅に招待された気分だ。日本代表選抜の常連も多いホークスの選手が活躍する場面を編集した映像は、スタイリッシュで田舎臭さゼロ。そうか、ここは単なる「地方都市」じゃない。日本のウエストコーストなんだ。

ビールを注ぎにきてくれた売り子さんの襟元にはカープ坊やのマスコットが。

「私、広島出身なんです！　今日こそ勝ってもらわないとですね〜」

公式戦が始まれば、楽天ファンにも「仙台出身です！」と言うんだろ。悪い女め。と訝りながらも、ぐびぐび飲み干し、また同じ彼女におーい、と手を振っている。

プレーボール前のイベントの司会者からは、「カープファンの皆さーん、よろしくお願いしまーす！」と高らかに礼を尽くされ、負ける前から「負けた」と思った（そして負けた）。

これが強いってことだ。これが豊かだってことだ。ボロ負けして気持ちは塞いだが、試合が終わってもなぜかビジター席の広島ファンは帰ろうとしなかった。おかしいな。伝統的に広島の客は負け試合の日は七回あたりから、「シャッとせーや、馬鹿たれが！」などと心ない言葉を吐き捨てて、まだ戦っている選手を置いてさっさと帰路につく。ましてや勝った相手チームのヒーローインタビューを見届けるような度量は持ち合わせないはずなのだが……。

しばらく座ったまま様子を窺っていると、ホークスのヒーローたちはインタビューを終えた後、軽く球場内を半周し、ビジター席にも歩み寄り、脱帽して手を振った。思わず手を振り返す私。そしてフィナーレには、ドーム内で花火が上がった。ドーン、ドーン、ドーン、玉屋！　その頃にはすでに悲惨なスコアを忘却し、同郷の友人と二人、ホークス公式球団歌『いざゆけ若鷹軍団』を軽やかに口ずさみながら球場を後にしていた。よーし、中洲に繰り出すばい！

ホークスに鞍替えするわけじゃないが、福岡で試合があるならまた来てみたい、決して悪いようにはされない（ボロ負けしてさえ）、という印象が刻み込まれる。なるほど、これがビジネス戦略というものか。球場を360度真っ赤なユニフォームで埋め尽くし、他所の地域からわざわざ出向いたビジターファンをグラウンドから遥か遠い出島のような席に追いやっている郷里の球場の設計を思うと、彼らは何を思いながら帰るものだろうか、と心配になる。

富める者は富を分けてさらに豊かさの真髄を知り、貧しき者は内に向いてますます鈍するのか——だめだそんなことじゃ！　あの秋山翔吾選手だって広島に来てくれたじゃないか。ホスピタリティや思いやりは、外に向いてこそだ。次に球場に行く時は、ビジターファンにカープうどんを奢ってみよう。

それにしても、観客制限のない競技場は良い。野球もラグビーもサッカーも相撲も、テレビ越しでも見栄えが良い。声援は控えるよう言われても、わあっ、と競技場全体が沸く瞬間がある。何千の、何万の、あの声の重なりがたまらなく良い。

鳴り物の応援がないのは寂しい人もいるだろうが、ボールがミットに収まる音や、投げた直後に投手の吐き出す声、強打者の木製バットがボールをぐしゃり、と捉える音に耳を澄ませられる観戦が、私はこのままずっと続いてほしい気がしている。引いては寄せる波がまたやってくる中で、束の間かもしれない久々の賑やかな夏の空気を、胸に吸い込んでいる。

うらぼん

2022年10月

私には霊感がない。おそらくは。

粘りつくように蒸し暑い夜ふけにも、夕暮れ時の墓場でも、たまに撮影でお邪魔する廃病院や霊安室のような場所でも、妖しい気配を感じたことはない。けれど心霊現象など迷信で、個々の脳内の幻聴・幻覚でしかない、とは思わない。コンビニ前の若者を散らすモスキート音が聞こえないのと同様に、私が知覚できないものの方が世界には多いはずだ。背中が重い、首が回らない、全て姿勢の悪さや寝違えのせいにしてぐるぐる回したり引っ張ったりを試みるが、見える人や霊からすれば、「ちゃうのよ」というメッセージがあるのかもしれない。何事も鈍感力でスルーだ。

そんな私が一つだけ、奇妙な体験を持っている。

高二の五月に、同居していた祖父が九十歳で亡くなった。老衰でもう足腰は立たず、病気も進行して祖父自身も苦しげだったし、母の自宅介護も長引いていた。正直、寂しさの中にほっとした気持ちもあった。私の生家は古い農村地域にあって、当時は自宅で葬儀をしていた。通夜の晩には親戚が続々と集まってきて、何組もの家族が寝泊りし、翌日の法宴のために納屋から冠婚葬祭用の古いお膳や食器が出されて台所に積み上げられた。

私は当時から深夜ラジオを聴いてばかりの宵《よい》っ張り高校生で、翌朝は早くから葬儀の準備も手伝う予定なのにやっぱり寝つかれず、夜中の2時ごろ、誰もが寝静まった母屋の台所に足音を忍ばせながら水を飲みに行った。その時——白い壁に、15センチほどもあるムカデが、黒光りする体をくねらせながら這《は》うのを見た。虫や生き物にはわりと慣れて育ったが、ムカデは初めてだった。ふぞろいに動く、無数の足。思わず短い悲鳴をあげた。が、誰も起きない。ムカデも私の悲鳴には反応せず、ゾロリ、ゾロリ、と這っている。なんていやらしい動きなんだろう。いまいましい。退治してやる。

新聞紙を丸め、椅子に乗り、右手を振りかぶったその時、「こんな夜に、殺生するのか」と、迷いがよぎった。通夜振る舞いも、精進料理で済ませていた。うちの宗派の定義をくわしくは知らないが、私の無情な殺生のために、祖父の冥途《めいど》への旅路が妨害されるおそれもなきにしもあらず。あるいは、このムカデ自体、祖父の生まれ変わりという考え方も——。

しかし、ここで私が放置したせいで、翌朝台所を手伝う近所の人が隠れ潜んでいたムカデに猛毒を刺され、パニックが起きたらどうする。それこそ祖父の旅路はどうなる。祖父は花と絵だけが趣味の、生涯無欲で勤勉な農家だった。こんな陰湿な虫になどなるものか。私がやるべきだ。私しかいない。異様な使命感に体が熱くなり、気を取り直してパン、パン、と何度も壁を叩いた。ムカデは本気を出せばスピードは速く、予測不能に動いた。隠れたのを探しては見つけ、お膳の山を下ろし、また見つけて、ようやく一撃。二撃。三撃。ムカデは死んだ。……おじいちゃん。ごめんなさい。せっかく生まれ変わったばっかりだったかもなのに。でも、こうするよりほかなかったんだよ。結局家族も親戚も、誰一人起きてはこなかった。

翌朝、周囲に話したが、皆こぞって「この家でムカデなんか見たことはない」と言った。他はヤモリ、クモ、ネズミ、ヘビ、色々出るが、ムカデはないと。葬儀は終わり、祖父は茶毘《だび》に付され、何か変わったことも起きなかった。

しかし、それから十年、二十年、三十年。実家の周りはマンションだらけになったが、私がお盆に帰省すると、丑三《うしみ》つ時、ムカデを見るのだ。必ず家族が寝静まり、私一人が仕事をしたり、台所へ残り物をつまみ食いにいく時に。二十代の後半に初めて出た時は、机について脚本を書いている私の肩の上に乗っていた。見る度に「ギャア!」と叫ぶが、誰も起きたことはない。最初はやっぱり、反射的に退治を試みた。しかし肩の上にいた時も、見失った挙句に気づけば膝の上に乗られていた時も、ムカデは私を刺さなかった。そして家族は必ず言う。「ムカデなんてこの家で見たことはない」

私は祖父だと思うことにした。十年単位で間隔を空けながら、決まってお盆に現れる。私を気にかけて、出てきてくれるのだ。初めは殺されたのに。でもそれしきのことで、祖先は生きてる者を恨んだりしないんだ、と思うことにした。

その大きさは、再会のたびに少しずつ小さくなっていく。今年再び現れた祖父は3センチほどの子供ムカデで、もう黒々とはしておらず、ずらり並んだか細い足は、薄緑色に透き通ってさえいた。

私も慣れたもので、新聞紙の上にそっと乗せると、窓を開けて裏の畑にぽい、と逃すようになった。おじいちゃん、またきてね。でも次会うときは赤ちゃんになり、ほんとうにさよならかもしれない。

こじつけだ、と言われればそうかもしれないが、むしろ信じていたいのだ。信仰や霊や神さまとは案外そういうものなのかもしれない。(※編集部によれば、ムカデは「刺す」のではなく「咬む」。「猛毒」などないそうだ。)

きくはたのし

2022年11月

耳年齢というのがあるらしい。年齢に応じて聞こえる音域が変わり、周波数の高い音は聞こえづらくなるという。私が高校生の頃、病床についた九十歳の祖父に「おじいちゃん！　おしっこ出そう？　おしっこ!!」と耳元で幾度叫んでも、「は？」と聞き返されていたのに、柱の陰で実の娘たちが「そろそろだって言われて駆けつけたけど、もう四日……」と低い声で囁き合っていると、「いいから帰れ。世話になりました」と祖父は呟いた。言葉が通じづらいと、つい相手の認知力を低く見てしまうが、単に話しかける声が高すぎたのだ。祖父は最後まで正気だった。

ウェブのサイトでチェックしてみると、私は実年齢よりも耳が老いていた。視覚と聴覚が生命線の商売なのに、困ったもんだ。しかし妙なことに、編集作業などをしていると私に聞こえる音が二十代のスタッフには聞こえていないこともある。

「遠くで踏切みたいな音が鳴ってるよね。あれをカットしたいんだけど」

「え、どこですか」

「この台詞と台詞の間、ほら今、今！」

「全然わかりません」

「うそ。聞こえますよね、エンジニアさん」

「いやーわかんなかったです」

うっすらオカルト気質を疑われつつ、波形を調べてもらうとノミ一匹分のノイズの粒が見つかったりもする。歳とともに聞こえ始める音域もあるものだろうか。

若い頃は、音楽は爆音で聴くに限ると思っていた。しかし「メガ盛りロースカツ丼」のようなものに徐々に反応しなくなるのと並行して、聴覚の情報処理能力、あるいは『聴き欲』そのものが落ちるのか、大きな音や複雑に音の混じったものより、要素の多くない、シンプルなものの方が耳に合う気がしてくる。メガ盛りより小ライス。テレビよりもラジオ。音楽よりも雨の音。少ない情報に耳を澄ます、という感覚が心地よいのだ。

すこし前に、短編小説のオーディオブックの演出をする機会をもらった。アメリカではかなり前から朗読音源を聴く文化が浸透していたらしいが、それは運転時間の長い国土の広さに根差すもので、日本人には浸透しないと見込まれてきたそうだ。それがコロナ禍で在宅時間が増え、作業や家事や運動をしながらの時間を有効に使おうと、利用者がぐんと増えたらしい。

従来の本好きには抵抗もあるだろう。本を音で聴くなんて、横着で邪道な気がすると。私も読書は自分のペースで立ち止まったり、ページに線も引きたい。けれど一日誰とも触れ合わず、話もせずに終えてしまうことも増えた。テレビをつければ賑やかだが、そこにある言葉は「私」にでなく「公」に向けられている感じがする。そんな時に一人の声がじっくり本の読み聞かせをしてくれる時間には、「読書」とはまた別の良さがあるのかもしれない。

それはさておき、私はこの仕事に珍しく小躍りしながら取り組んだ。「画《え》」を撮らなくていいなんて。何て身軽なんだ！

カメラもなし、照明もなし、衣装もなし。映画の撮影では俳優がどんなに良い芝居をしても、太陽が雲に隠れて光が変わりました。髪の毛が顔にかかりました。奥の通行人がじっとカメラを見てました。エキストラの動きがダマになりました。救急車が通り、飛行機が飛び、近所の犬が吠えちゃいました――ここだけの話、役者の芝居だけに集中できたためしはない！

以前映画の主演を務めてくれた役所広司さんは、現場で演技について私に質問したり、役についてて長々話し合ったりすることはほとんどなかったが、私からそのことを聞いた映画記者が、他の現場でもそうなのですか、どうしてですか、と尋ねると、「監督は、いろいろ忙しい立場だから……」と控えめに微笑まれた。あの役所さんにそう言われては他の役者は立つ瀬がないだろうが、実際、お日様、ご通行人、ワンちゃん、あらゆるもののご機嫌を伺っている私たちは、俳優が安定したＯＫを出し続けてくれることにどれだけ助けられるか。役所さんの言葉は重い。

それに対して朗読は、ただ、言葉があるだけだ。マイクを通して聴こえる読み手の語りに耳をすませ、作家の書いた文章にきちんと呼応しているかだけを考えればいい。けれど頼みは読み手の肉声ひとつ。光や俳優の魅力的な微笑みが意味を補ったり、他のミスを誤魔化してはくれない。火と塩だけでちゃんとおいしい料理を作るのに似ているだろうか。この演者の声ならこんな音域を生かせる。声量を落とせば、世界観が変わる。テンポを変えれば、役柄が変わる――過剰な演出はいらないが、その人の無意識の喋りぐせや声の魅力に、気づくこちらの聴力が必要となる。

読み手の深い解釈力に助けられ、自分で目読していた時よりも物語が輝いて聴こえることもある。「いい話じゃないか！」と声をあげてしまう。演出家ながら情けないが、そういうものを発見できた時は、媒介者としてこの種の仕事を引き受けた甲斐があったような気もする。

すっかり日没が早くなった。虫の音を贅沢なＢＧＭに、「聴書」の秋を私も試してみたい。

からだとこころと

2022年12月

裸や性は、人間の生活にはついて回るものだ。そして必ず映画にも描かれる。私もそんな場面を何度も撮った。登場人物がお風呂に入ったり、キスをしたり、セックスしたり、自慰行為をしたり、身体検査で丸裸にされたり、まあ、色々だ。色々やってきたが、いざ撮るとなると毎度気が重い。きわどい言葉を昼間から職場で乱発する自分にもギョッとするし、裸をさらした俳優がスタッフに取り囲まれている状況はやはり落ち着かず、内心逃げ出したくてたまらない。

大抵の俳優たちは堂々として、「用意、スタート」をかければ要求通りに動いてくれる。だけどカットをかける瞬間、思うのだ。「私の経験値で判断していいものだろうか」と。なぜだろう。人殺しの台詞回しの良し悪しは平気で判断してるのに……。

脚本に「まぐわう2人」と書いたはいいが……そこからが大変だ。最初の打ち合わせでプロデューサーや助監督の目が真っ直ぐこちらを向く。「まぐわう」ですって？　一体どんな格好で？　どこを触って、どんな体位で、役者の体はどこまで映るんですか。

ひー。今そんなこと言われたって、撮影は三ヶ月も先なのに……。けれど、裸と性が絡む事項は「当日判断」というわけにいかない。その人の最も個人的な部分を晒し、後々まで残る覚悟を要する場面だから。

撮影に入る前に会議室などで助監督に協力してもらい、立つか座るか、上か下か、とあれこれ試してカメラアングルを決める。かつては男性の助監督同士が抱き合ってくんずほぐれつ見せてくれるのを皆で微妙な表情で見守るのが恒例だったが、今は女性の助監督も増えた。彼女らにも平等に協力してもらうべきかも悩む。私も駆け出しの助監督時代、俳優の代役で男性上司とベッドで重なって照明が整うのを待ったことがあった。顔の距離はわずか10センチ。気まずさを隠そうと衣装や小道具の準備状況について会話してしのいだが、「いいよ、役者呼んで」と照明部に言われるや体をはね起こし、やれやれ、と互いにため息をついたものだ。俳優は好きでもない相手と他人の面前で、もっと色々させられるのだから、どれほど大変か。

俳優には、体のどこまで映すかはある程度理解を得た上で役を引き受けてもらうのが常識だ。大抵の商業映画はわざわざ性器は映さない。だから全裸の設定でも、俳優は「前貼り」という仕掛けをして局部を固定し、隠し、接触を避けるのが基本でもある。けれど全ては映画界で受け継がれてきた暗黙のルールでしかなく、講習も明文化されたガイドラインもなかった。合意の上で引き受けてもらい、動きを指示して、必要最少人数だけをセットに入れて撮影を行うという演出マナーは、多くが良心と信頼を頼りに守ってきたものでもあるが、仮に誰がいつそれを破っても訴える場所も罰則もない。また、信頼しあう関係値だからこそ、俳優は躊躇がある時も流れで引き受けざるを得ず、傷つけられてきた事実が世界中に起きてきたことも、報道で知られる通りだ。

米国でのリスクマネジメントは進み、「インティマシー・コーディネーター（intimacy coordinator）」という職業ができた。「インティマシー」とは「親密」という意味だそう。性的な場面のみならず、入浴や下着姿など肌の露出のある場面に関しても、監督と俳優の合意形成の手助けを担い、アクション監督と同じく、演出家の求める表現のプランニングや指導もしてもらえるという。日本では動画配信の現場を先駆けにして、映画やドラマで起用されるようになった。

「性的な場面ほど、『とりあえずやって見せて』という演出家が多く、個人の経験値に突然任せられることを嫌がっている俳優はとても多いのです。他のシーンは細かく演出されるのに、なぜここだけと」――激しく反省。そこでアドバイザーがついてくれたらどんなに心強いだろう。

一方、映してよい体の範囲についても徹底的に俳優から聞き取るそうだ。「乳首NG」の場合でも、下乳は、横乳は、手を当てた時の膨らみはいいのか、嫌なのか。驚くほど緻密に聞き出し、同意書も作られる。結局第三者でなければ正確な答えは導けないそうだ。監督やプロデューサーの「できますか？」に対する「やります」が、「ほんとは嫌だった」というケースは多い。泣き言や迷いは「覚悟のなさ」と受け止められると恐れるからだ。人間誰でも、その時は良くても後から自分で自分の尊厳を潰していたと気づくことはある。それを演出家も演じ手も、逃げずに共に防ぐ手立てということかも知れない。

「愛してる」も言わなければお金の話も濁したがる日本人同士は、合意がうやむやな状況を温存し、愛憎入り混じる共依存関係を作りがちだ。皆まで言わぬ閉鎖空間に生まれる創作を信頼のたまものと信じ込んできた部分もある。私にも思い当たる。

何が本当にフェアな方法なのか。豊かな演出方法や、信頼の築き方はどう変わるべきなのか、その答えは私も模索中です、と話を聞かせてくれたインティマシー・コーディネーターさんも逡巡されていた。日本の映像業界ではまだ生まれたばかりの職種である。私も、勉強します。

ふるさと

2023年1月

霜月に入り、日中は小春日和の穏やかな陽気でも、午後の陽の傾くのは切ないほど早く、闇が降りてからはぐっと冷え込んでくる。そんな中で風呂が壊れた。

私の住まいは高度経済成長期の終わり頃に建てられた核家族向けの鉄筋コンクリートマンションだ。白黒テレビがカラーになり、トイレは水洗になり、広くはないリビングに家具調ステレオやサイドボードが置かれ、舶来のブランデーが飾られた頃。庶民の暮らしは目に見えて便利で豊かになり、皆がささやかな贅沢をかみしめた時代だったろう。当時一室を購入した人々の子供たちは、今やより快適な棲み家に巣立っていったのか、堅牢だがもはや古ぼけた意匠のマンションに若い人の姿は少なく、残された世帯主らは曲がった膝で手押し車を押し、似たように老いたペットを抱いて、静かに暮らしている。

私は十年ほど前に、老オーナーから今の部屋を借りて住み始めたのだが、広くて清潔な割に割安だと思ったら、中の設備のほとんどはマンション施工当時そのままに古かった。襖《ふすま》の立て付けはきしみ、洗面所にお湯は出ず、風呂も膝を抱いたポーズを崩せないステンレスの浴槽に、ハンドル式のバランス釜だった。

「バランス釜」とは一九六五年頃から公営団地の建設ラッシュ時に普及したガス式風呂釜だ。右手でガスのつまみを押しひねり、左手で鉛筆削りのような着火ハンドルをカチカチ回しながら覗き窓から釜の火を見て、えいやっ、ともう一段階つまみを回す。「ボッ」という音がすれば点火成功だ。この塩梅《あんばい》が案外難しく、日によって釜の機嫌は変わり、つまみをひねるタイミングがまずいと火がつかない。おまけに蛇口から出る湯量は心許なく、湯はりに時間はかかるし、シャワーも老人の小便のような勢いだ。とにかく毎晩、火起こしするボーイスカウトの少年のような真剣さを要する十年だった。酔って帰ると手元が鈍って火がつかず、癇癪《かんしゃく》を起こしたまま風呂場で寝てしまったこともあった。

令和の時代に、いつまでこんなにも風呂の湯にてこずるのだろうかとボヤいていたら、ついにその日がきた。深夜に帰宅したある晩、カチカチカチ……着火せず。覗き窓から見る釜の奥は漆黒の闇。前日まで何の兆候もなかった。前触れもなく、連れ添った伴侶に出ていかれたようで、慌てた。……寒い。悪かった、俺が言いすぎた。

「そりゃいけません、大変だ。大家さんに言ってすぐに取り替えてもらいましょう。ただしお宅は古いバランス釜ですから、メーカーも限られてまして、取り寄せに時間がかかるかもしれませんのですよ。寒くなりますのにお気の毒ですねえ。お風呂屋は、隣の駅前にありますでしょ」

仲介の不動産屋は同情して見せたが「この際便利なシステムバスに一新しましょう」とは言わなかった。

「何が『隣の駅前にありますでしょ』だよ。気安く言ってくれるよ」ぶつぶつ言いながら石鹸《せっけん》とタオルをエコバッグに詰め込み、自転車で夜中の道を一駅先までかっ飛ばした。こんな時代でも、隣町くらいまで足を伸ばせば銭湯が残っているのが、東京の東京らしさだ。

東京の銭湯には、上京の香りがする。大学に入学して初めて一人暮らしをした時は、中野の「鳩の湯」という銭湯に通った。風呂なしアパートに住んだのは安いからでもあったが、銭湯に通う暮らしに憧れていたのだ。常に時代の逆を行こうとしていた。バブルは数年前に弾けた後で、きらびやかに見えるものに対して、若いなりに懐疑的になっていたのか。

常連客の多くは高齢者だった。内風呂もあるのだろうが、御隠居さんらの暮らしの嗜《たしな》みと社交の場、という風情だった。

「そこをまっつぐ行ったとこにあんじゃないのさ、スーパーが」とおばあさんたちが脱衣所で涼みながら喋る言葉がいかにも歯切れの良い江戸弁風情で、粘つくような広島弁を喋る老人しか知らなかった私は、「都会に来た……」と感動していた。六本木より銀座より渋谷より、しびれた。

鳩の湯はとうに廃業したらしいが、銭湯はどこも大抵同じ香りがする。石鹼なのか、塩素なのか、洗浄剤の香りなのか。同じような木札の下駄箱、同じようなペンキ絵、そして同じように古株のおばあさんらが、独自の作法で爪の先までピカピカに洗い清めている。親しげな常連さんらが体を伸ばす湯船の隅っこに、所在なく身を沈めて高い天井を見上げると、まだ地方から出てきたばかりの、何をするでもなかった頃の自分に戻る気がする。長く暮らしても東京という街と私との距離感が縮まることはないが、どこの銭湯でも、のれんをくぐるとそこだけは都会の中のふるさとのように感じる。

十日待って設置された新しいバランス釜は、新しかった。もう回転式ハンドルはなく、つまみを右手でひねるだけで簡単に点火できた。カチカチ卒業。湯量も前よりやや豊か。わあ！　初めて内風呂をしつらえた人の嬉しさが、こみ上げた。

イッツ・マイ・ターン

2023年2月

ついに順番が回ってきた。十一月のある晩〇時過ぎ。書いていた原稿の筆がピタリと止まった。よくあることだ。年々歳は重ねているのに、体や脳は子供のように正直になる。だけどその晩のずん、と重い眠気は覚えのないものだった。頭にモヤがかかり、泥沼で車輪がスタックするように、世間をすべなく憂うばかりの駄文が重なった。「だめだこりゃ」と匙《さじ》を投げた。喉が少しいがらっぽかった。

六時間後。軽い咳で目覚めた。「おはよう」と一人声を出してみると、完全に場末のスナック勤務の声。でもきっとこれはただの風邪。ワクチンも打ったし、例の流行り病じゃない。三週間後にCM撮影を控えていた。隔離なんかされたら全ての予定が崩壊し、正月は餅なしになる。

私は考えた。幸い熱はない。ロケ地は屋外だし、周りは元気な若者がほとんどだ。このままスルーして社会活動を続けても、事なきを得るのでは？　――スネに傷があった。二日前に大混雑の中華料理屋で、同僚と二人で散々喋って飲み食いした……黙っていたい。念のため買い置いていた抗原検査キットを口にくわえてみると、くっきり「陰性」の線が出た、と思ったら、少し遅れてすぐ下に「陽性」の線が、淡く、半透明に浮かび上がった。疑惑の判定。

仕方なく近所のクリニックの発熱外来に出向いた。私は前日の不届きがバツ悪く、背中を丸めて裏口をくぐったが、マスクにフェイスガードの軽装備の看護師さんは慣れた様子で検体を受け取り、医師は気さくにその後の流れを説明してくれた。……なんという落着きだろう。二〇二〇年の夏、実家に帰省しようとした直前に軽い風邪の症状が出て、PCR検査を受けられないかと近所の内科に相談に行ったことを思い出した。

一軒目の内科ではぴしゃりと叱られた。あなたの都合で検査なんかできない。今の医療体制の状況をわかってますよね。受けたきゃ民間の検査でも自費でどうぞと。当時、相場は三～四万円だったか。

ならばせめて少し安価な抗体検査でも、と訪ねた二軒目の医師は、すんなり理解を示した。「感染拡大防止の観点から、多くの人がPCR検査をするのは、僕は正しいと思います」と、区のPCR検査に取り次いでくれた。しかし手渡された地図には「第三者に明かさないでください」「公共交通機関での来場はお控えください」との注意書きがあった。まるで秘密結社のアジトのビラ。医師には「何か聞かれたら、『陽性者と一緒にいた』とでも言ってください」と指示された。

検査場は、閉鎖された病院のような旧《ふる》い建物の中にひっそりと置かれて、広い待合室に人がぽつん、ぽつんと間隔を置いて座らされていた。やはり受検を認められる人の数はそう多くはないらしい。検体室ではフル装備の防護服の男性検査員が、私の予約票を手にして待っていた。

「濃厚接触があったんですか?」ぎくり。予告通りの質問がきた。シールド越しの目がぎらりと鋭く光った。「陽性判定が出たんですか、その人は」

「ええ、ええ、そうだった……ようなことを聞いてます……」

私は冷たい脂汗をかいた。かたや屋内とはいえ真夏に全身を防護服で覆った検査員の顔は、高熱が出ているように赤く上気していた。パンデミック以前には、何をしていた人か。あらゆる情報の錯綜と理不尽と不安に、この人もまた振り回されている只中なのだろう。死に瀕した人と相対したかもしれないし、私のような有象無象もうろつく。彼はそれ以上は聞かず、しどろもどろの私の嘘をぶっ刺すように、摑んだ綿棒を鼻腔に突っ込んだ。

医師会からはファックスで「陰性」の知らせが届いた。噂のファックス！　この時代に！　と驚いてから、病気知らずで二年余――ワクチンも普及し、無料ＰＣＲ検査場も増え、新たな戦争も起き、Ｗ杯も有観客で開催された。

クリニックの発熱外来から帰宅後、私の体温は上昇し、自分史上最高値の三九・七度をマークした。さすがの破壊力だ。翌朝、医師から電話で「陽性でした」と報告をもらった頃には「そうでしょうね……」と観念していた。はい、私は、流行り病に罹《かか》りました。

初期の頃に高熱が出ても保健所に電話が一日中通じなかったものだし、症状のきつい株に悩まされた罹患者と比べて、後に続いた者は恵まれている。医師から自宅隔離について丁寧に説明を受け、その後調剤薬局の方がわざわざ自宅ポストまで解熱剤を届けてくださった。こんなに良くしてもらえるのかと正直驚いた。でもこれが本来、病身の人の受ける正常な対応なのかもしれない。長い間、この病のことで本当にたくさんの人が憎み、憎まれてきたものだ。病は、人の気を狂わせる。

もう誰も驚かないし、パニックにもならない。仕事の仲間も笑顔でリモート画面に現れた。今じゃ監督が来なくても、大抵のことは対応できますよと言われて、寝巻きのままでパソコン越しにロケ地の取材をした。

熱は二日で鎮静。頭のモヤは相変わらずのようでもあるけど、それは元からか。今更ながら医療者のみなさん、本当にご苦労様です。

おくれてゆく

2023年3月

二〇一九年三月二十一日、七年ぶりに日本開催されたメジャーリーグ開幕戦の第二戦目、引退したイチロー選手を現地東京ドームで見ていた。延長十二回までもつれた試合が終了したのは二十三時をすぎていたが、ドームに詰めかけたファンは席を立とうとせず、再びグラウンドに現れたイチロー氏に送られた360度の地鳴りのようなスタンディングオベーションは伝説だ。パンデミックの一年前。やっぱり持ってる人だった。決断が一年遅ければ、あんなに多くの観客に、あんなに大きな歓声で送られることはなかっただろう。悠々と手を振りながら歩く姿は私の席からは豆粒のようであったが、その感情が震えているのが伝わってきた。あのイチローが、あのイチローが、日本のファンに、感動している——。

スポーツ好きなら誰しも「あの一戦をこの目で見た」という自慢話があるものだが、私には当分これに勝るものはないだろう。しかし「引退試合」となったのは結果論だ。イチロー選手はそしらぬ顔でスタメン入りして試合は始まり、二回表が終わった頃、突然客席の一部がどよめいた。そして短い悲鳴と嘆息混じりのざわめきが球場全体に波のように広がっていった。私には状況がわからなかった。誰か怪我でもした？　いや、イニングの合間だ。しばらくして隣のサラリーマンが「わ、引退だ」と声をあげた。一番早かったのはSNSだったそうだ。ネットに記事が出始めたのはその後だった。

ソーシャルメディアを使わない私は「これが情報に遅れるということか」とその時実感した。真偽はともかくスピードが速く、名もなき人の言葉が無限につながるSNSの影響力と可能性はその後も拡大し、反面コロナ禍で人の口から耳に直に入る話は減った。人並みにニュースに触れているつもりでも、「世情について行けていない」と思うことが増えた。

「知らないんですか、大炎上ですよ」

「え、何が？」

ととぼけたことを言って、相手を呆れさせることも多い。いまだ新聞・ラジオ・テレビなどの大手メディアだけに情報を頼る人々は、世の中の生の実感からずれ、マインドセットが遅れているそうだ。日々更新される共通言語や議論がいくらネット上で盛り上がろうと、届かない。

「何て言われてるか知ってるんですか？」

「え、誰に？」

……もうお話にならない、とため息をつかれる。

仕事で関わるデザイナーやアーティストは過去作をホームページではなくSNSに載せているケースも増えた。「すみません、アカウントを持っていなくて」と言うと、時代についてこようとしない偏屈な人だな、という雰囲気が紹介者から漂う。

『ザ・ベストテン』の翌日の小学校の教室を思い出す。私はなぜか歌番組をあまり観ない子供で、級友たちの輪に加わりあぐねていたが、彼らの会話や物真似をはたから眺めるくらいがちょうどよかった。なるほど明菜が初登場第一位で、聖子が陥落ね。マッチは「さりげなく、生きるだけさ！」と絶唱しながら新幹線に飛び乗ったのね。十分な情報だった。

意固地にならずに閲覧用のアカウントを作ればいいだけの話なのだろうが、その気になれないのは、自分が中毒性のあるものに弱いと知ってもいるからだ。タバコもお酒も仕事も異性も、一旦始まるとけじめのつかないたちだ。理性を保って「ほどよく付き合う」ことができず、世に言われるSNSの弊害をしらみ潰しに体験していく自分を想像すると怖い。

だけどそもそも、そんなに早く、多くの情報が必要なんだろうか、とも思う。ただでさえ、日々の情報の大半を悲しいくらいに忘れていく。芸能人のゴシップや見知らぬ人の愛猫の動画を忘れるのは良いけれど、１９００円も払って劇場で観た映画のストーリーも翌日にはぼんやりし、読んだはずの本をしばらくして開くと「すごいことが書いてある！」と初読のような驚きに包まれてさえいるのだ。時には愛や悲しみまでも砂に描いた絵のように溶けていく。一体私の脳の中には、この先何が残っていくのだろう。

現代人の脳は、過労状態だと聞いた。本来は何も入れず、何も出さない時間があって、脳は正常に活動するそうだが、隙間があればスマホを手に取る癖のついた人は若年でも物忘れが増え、感情が乏しくなり、認知症リスクが上がるという。私は危ない。物を一人で書く時間が長いと、ふと逃避したくなり、人恋しくなり、要らぬ調べ物、要らぬ買い物、要らぬ連絡に淫することが多い。埋めて埋めて埋めて、結果、空っぽになっていないか。

今年は、暮らしの中でどれだけ情報を限ることが可能なのかを試してみたいと思う。私の脳には空き容量が増え、今年見た大寒の空の色や節分の豆の味わいを、記憶に留めてくれるだろうか？　それとも本当に何もかもから取り残された、陸上の浦島太郎が仕上がるか。まずはスマホの不携帯から始めてみるつもり。お電話、後ほど折り返します。

おめでとう

2023年4月

地元に戻って近所を歩いていると、小学校の校門の脇に「おめでとう！　バレーボール部・全国大会優勝」という横断幕が掲げられていた。人気《ひとけ》のない往来に立ち止まった私は「まさか」と呟いた。私はこのバレー部のOGだ。いや、「OG」だなんて大きな顔ができる立場ではない。万年補欠だったし、チームの寝首を掻《か》くようにして裏切った過去があるのだ。

元はスポーツの実績のない学校だったが、県の誇る「世界一のセッター」こと猫田勝敏さんとも親交があったというバレーボール愛の熱い先生が赴任して、クラブチームを強化した。

球技というのはやってみれば面白くて、初めて触るボールは大きくて重く、なつかぬ動物のように手から逃れるが、コツを教えられて動作のかたちを覚え、痣《あざ》や突き指を重ねながら練習を繰り返すと、いつの間にか構えた手に球が吸い付いてくる感覚になる。あるべきかたちで受けた球は当たっても痛くないし、その頃には怪我をしないバネや皮膚が体の方にできている。

しかし誰でもいけるのはここまで。勝ち進む、という目標軸に変わった途端、個々の能力差が定められ、序列ができる。

顧問の先生らは、四年生、五年生の内に基礎を叩き込み、六年生になった子供たちの中から選抜して「勝てるチーム」を作った。それまでは下手も上手もゆるやかな横並びで練習していたが、ベンチ外の補欠部隊はひたすら球を拾うだけの日々に変わった。監督のアタックを受けるのはレギュラーに限られ、来た球に吹っ飛ぶような落ちこぼれは、もうコートの中に入れてもらえなかった。

過酷な練習は裏切らない。県内ランクは試合ごとに上がっていき、突然強豪校からパンチパーマの若いコーチが引き抜かれてきて、指導は厳しさを増した。ミスを重ねた選手は、コーチに詰め寄られて至近距離からボールを打ち込まれた。「遊びに来てるのか」「違います」「お前のは遊びだ」「違います」「遊びなら帰れ」「遊びじゃありません」「なら本気出せ」「はい!」……「げー」と私は思った。

ある日の昼休み、同じクラスで心優しいエースアタッカーのMさんに「あの先生、変じゃない？」と尋ねたら、「うーん。でも強くなるにはしょうがないかな」と答えた。選ばれた人たちの中には、力や恐怖への疑問符は生まれないようだった。けれどもレギュラーメンバーの表情は日増しに乏しくなり、常に緊張し、休憩や帰り道にもふざけたりはしゃいだりしなくなった。

補欠のメンバーは元々サボりがちだった子から順にやめていった。「しょうもない連中」と見なされ、誰も引き止めなかったが、彼女らはその環境の心地悪さを直感し、生理的反応として逃避したのだ。それは生き物としての知力だ、と今は思う。

私のようにベンチ入りラインギリギリに残る者が一番たちが悪いのだ。休まず練習に行く。しかし戦力となるには足らない。叱られも褒められもせず、透明な存在として毎日白線の外に転がってくる球を反射的に追っていた。腹の中でいじけた気持ちと憎しみがコールタールのように煮詰まっていった。バレーボールなんて、もう大嫌いだった。教師たちも気づいていたと思う。ボールを手渡す私たちとは、目を合わさなかった。

球拾い要員はすっかりいなくなり、最後の二人になった友達と腹を決めて「私たちは何なのですか」と監督の元に抗議に行った。すると「縁の下の力持ちという言葉を知ってるかい？　君らがいてこそ全国を目指せるんだ」と優しい声で諭された。小学校の教員の言いそうなことだと思った。そんなこと、誰にも一度も教えて聞かせてないくせに。私たちの腹は収まらず、チームが県大会で優勝したその日に退部した。そんな栄光をちっとも喜んでいない奴が居るんだというメッセージを込めた意図的な報復だった。

その後、全国大会のために上京したチームは、一回戦敗退して戻ってきた。球拾いがいなくなって練習効率が下がったせいなのか、上には上がいたということなのかはわからない。選手は私たちを恨んだだろうか。いや、彼女らには誰がボールを拾っているのか見回す余裕もなかっただろう。

あれだけ青くなって練習しても全国には通用しなかったのに、この子たちは一体どんな練習をしたんだろう、と横断幕を見ながら思った。もう時代が違うんだから、と言い聞かせながらネットの記事を探すと、メダルをかけた子供たちは屈託のない、いい笑顔で市長訪問などをしていた。今の子は成長が早いと聞くけれど、十分あどけなく見えた。スポーツする子供の姿は、本来それだけで大人を幸福な気持ちにするもののようにも思う。健康であること、懸命になれること、成長できることの証しだから。あんなことを考えていた頃、私はこんなに幼なかったのかしら、とふしぎな気持ちになった。

もしもう一度子供時代があるならば、こぼれ落ちても、選ばれた仲間を応援できるように育まれてみたい。でもすでにそんな風景を、若い人たちの競う場にはよく見かけるようになった。時代は悪くなるばかりではないのだ。

あさきゆめみて

2023年5月

何が驚いたって、大谷翔平選手は一日に12時間寝るらしい。子供時代の話ではなく、今も。大の大人が12時間睡眠……ふつう、色々ムリ。でもあらゆる「ふつう」と「ムリ」をゆったりと払い除けながら未踏の地へ歩いていくのが大谷選手という人だった。ひょっとして彼は、あらゆる自信と立場を失ったこの国が最後の力を振り絞って産み落としたゴジラ、いやウルトラマンではないかと思えてくる。やがて沈む船に乗った私たちにもうしばらく夢を見せたら、あのやさしげな微笑みを浮かべつつ、遠い星へ還っていくのではないか――いや、そうではないと思いたい。健全な環境と質の良い睡眠さえあれば、大谷翔平はまた育つのだと。

私の働く映画界は、一日の労働時間を「原則13時間以内とする」というガイドラインを作り、この春から製作される（主に大手映画会社の）作品の現場環境の適正化を図ると発表した。

適正化して13時間？　一般の基準からは、首を傾げられると思う。

映画は深夜・早朝にしか撮影できない場面も多く、不規則な働き方をさせられるのは世界共通だが、欧米や韓国では労働時間や休日が厳しく定められ、働く人の人間的な生活は保証されている（例：フランスは一日8時間、韓国は週52時間厳守）。かたや日本の映画業界は、六〜七割の人材がフリーランスで労働組合もなく、就労環境は無法地帯化してきた。スタッフと契約書もろくに交わさず、休みも定めず、朝から晩まで（ひどいときには朝から朝まで）彼らを寝ずに働かせながら乗り切ってきたわけだ。

あまり知られていないが、日本映画の収益の七割方劇場と配給会社とに分配され、製作費は国内興行収入だけでは滅多に満額回収に至らず、現場で汗をかいたスタッフや俳優や監督には還元されない契約になっている。だから出資者は一円でも少ない予算で映画を撮らせようとするし、働き手は安くてきつい仕事でも請け負わずにいられない。

商売というものは儲からないなら店をたたむべきで、バカじゃないのと思われるかもしれないが、確かにこの業界の人は半分「バカ」なのだ。私のような監督やプロデューサーには「それでも作りたい」という性《さが》があり、スタッフにも「映画をやりたい」という性がある。このバカさ加減を「夢」や「やりがい」と呼ぶ傾向もあり、本人も周囲も夢のある仕事をしている錯覚を抱きながら、実際は家庭も持てなければ親の死に目にも会えず、睡眠不足でドロドロになって働いた挙句、行き着いたのは人材不足と若い人の離職だった。賢い彼らはもう振り向かない。映画もドラマも、まっぴらごめんだと。

このことのヤバさに気がついた経産省が「このままでは労基に刺されますよ」と圧力をかけた結果、東宝・松竹・東映・KADOKAWAの四社からなる日本映画製作者連盟が重たい腰を上げ、独立プロダクションの日本映画製作者協会と、監督や技術者の職能団体と手を組んで（いや、大喧嘩しながら）、環境改善や契約の正常化に向けた指針を出したのだ。

海外では8時間労働の規定が浸透しているのに、「13時間」という労働時間の規定に留まったのは、「そんな生産性じゃ映画なんて作れなくなる」と恐れる意見も多いからだ。就労時間を短くすれば、その分撮影日数は延び、機材費も人件費も膨らむ。すると「ヒットの見込めない作品には投資できない」と出資者の財布の紐はますます締まり、作家性の強い作品や重たいテーマの企画は通らなくなるだろう。けれどこの国は、実はどこの国より豊富な種類の映画を作り、買い付け、観客にも提供してきた。『E．T．』もいいけど、同年公開のトリュフォーの『隣の女』もすてきだ。『南極物語』もすごいけど、『家族ゲーム』は一生もののショックを受ける。利益追求とリスクヘッジに傾けば、そのような「多様性」が失われかねない、ということ。だから働き手には今後も多少の犠牲は払ってもらうしかない、というのが各社の結論だろう。

悩ましい。私も寝ずに仕事をしてきたし、寝かさずに仕事をさせたこともある立場だから、労働条件の改善が自分の作品の首を絞めかねないという理屈はわかっているつもりだ。だけど経験として知っていることもある。朝は早くても夕方前に撮影を終え、温かいものを食べ、ちゃんと寝て、また翌日集合するようなスケジュールが組めた時、現場には揉め事やハラスメントは起こりづらく、素晴らしい結束感のもとに映画を作れるのだということも。「原則13時間、2週間に1日の休日、残業代なし」なんてレベルを「適正」と言って満足していたら、船は沈まずとも、船員たちはやがてより良い船に乗り移っていくだろう。

日本の現場で8時間労働は、「ふつう、色々ムリ」。誰も本気で論じようともしなかった夢のまた夢だ。けれどそこを突破してみれば、いつか新たなる超人が登場する可能性もあるかもしれない。大谷選手が愛する野球を存分に楽しみ、力を発揮できたように、未来の映画を担う人たちが花開けるように、少しでも長く眠れる生活と、安全な環境を求めていきたい。

あめ、ときどき

2023年6月

黒澤明監督の『素晴らしき日曜日』を観直《みなお》した。昭和二十二年。まだ監督五年目の作品で、戦後の貧しい恋人同士の休日を描いた物語だが、あの『七人の侍』と同じ監督？　と疑ってしまうほどゆるくておぼこい一作である。しかしそんな中でも、後に「黒澤天皇」と呼ばれてゆく片鱗を感じる雨のシーンがあった。

上野動物園でのデートの後、降り始めた雨の下でふたりは行き場を失う。戦時の召集で夢を絶たれた男は終始陰鬱だ。金もないし、同居人も留守だから下宿に来いよ、来ないんなら俺は帰るよ、と今で言うならデートDVむきだしの強引な誘いに戸惑う女は、苦しまぎれに目の前に貼られた『未完成交響曲』演奏会のポスターを指差して微笑む。公会堂で一席十円（今の千円弱か）で聴けるというのだ。下心をくじかれた男の舌打ちが聴こえそうだが、ここからの展開を成瀬巳喜男のように男女のウジ虫的内面に向かわせず、アクションに転化するのが黒澤明だ。雨の中、手を繋いだふたりは西郷さん下の階段を駆け下りて、傘をさす人の間を縫うようにガード下を抜け、上野駅の広小路口まで一気に走る。窓に雨粒が伝う山手線に乗り、今度は有楽町を走り、晴海通りを横切り、さらに走って、走って、日比谷公会堂の階段を登りきる。みずみずしい！

希望の見えないふたりを生き返ったように走らせるのは「雨」だ。つまり雨は偶然ではなく、映画のための仕掛けである。しかし散水して人工的に降らせるには、繁華街のロングショットは広範囲すぎる。きっと本物の雨だろう。その雨が、カットをまたいでも見事につながっている。上野、有楽町、日比谷と駆け抜けるふたりにカメラはついて移動する。移動ショットを撮影する時は、カメラをセットする時間や人物の動きのテストが必要で、そうこうする内に雨足は変わってしまうのが普通だ。長期の天気予報や雨雲レーダーもスマホでチェックできなかった当時、どんな情報を頼りにスケジュールを組み、何日待ちぼうけを食えばこんな画が撮れたんだろう。クロサワ、怖い。

かくいう私は「雨女」と言われてきた。

肝心な日の撮影には、必ず雨が降る。といっても『素晴らしき日曜日』とは逆で、青い空や日の光が欲しい日に、そぼ降る。しぐれる。荒れる。一日、二日ならまだしも、三日、四日と重なると、雨粒の滴《したた》る軒先で座り込んだスタッフは吐き出すタバコの煙と引き換えに言葉少なになっていく。明日晴れたとしても、何日分を巻き返さねばならないのか――。

「この監督は、持ってない」そんな空気が蔓延し始めるのだ。

若い頃は本気で悩んでいた。その通り、私には映画監督が持っていなければならない「ツキ」がないんだ。三、四年温めてきた構想が、たった一日の天気で台無しになる。はらわたに錐《きり》を刺されて血を抜かれていく感覚だった。けれど思えば修学旅行も林間学校も登山合宿もマラソン大会も、ぜんぶ土砂降りだったっけ。呪われている。映画は、光と影の芸術だ。必要な場所に必要な光の差さない映画に、人の目を喜ばすことはできない。

スタッフの溜まりから離れた場所で下を向いている私が哀れに見えたのか、私よりも年かさの助監督さんこそが「雨男」なのだという言説を誰かが吹聴し、あいつの組んだスケジュールだからだ、という誹《そし》りを身代わりに受けてくれるようになった。嘘から出たまことか、気の毒にその助監督さんが関わる現場は、よそでも大嵐が起きるようになったらしい。

「やまない雨はない」と念仏のように唱え、「終わってみればいい思い出」と励まされ、雨の切れ目を待ち続けた。雲が薄くなり、雨粒が目立たなくなれば腰をあげ、カメラを置き、俳優を呼び入れ、「用意、スタート」……まあ撮れただけ良しとしますか、と渋い顔で引き上げて上がりを見ると、案外その微妙な暗さも悪くない。いや、むしろあるべき色はこっちだったのか、ということも多々あった。

四十路《よそじ》も超えるとすっかり図々しくなり、「降りますからね。お願いしますよ」とスケジュール担当者にも釘を刺すようになった。「まさか」と若いスタッフは笑う。

「僕、晴れ男ですから」

「お。じゃあ、勝負だね」

雨が降れば降る場面を考え、霧がたちこめれば霧の中で撮ってみて、後から使い道を考えるようになった。私にとって映画作りはもはや完全無欠を求める芸術ではなく、他人の汗と天気と、理不尽と不測の事態がまぜこぜになって何かができる化学実験に近い。色んな無理が利いた時代の黒澤さんのように現場で粘ることはできなくても、今ではCGやデジタルの色彩調整で、あらゆる工夫が可能になった。「何でもCGでできるんだから、楽だよな」と言うなかれ。雨垂れ一つ一つを1/24秒の一コマずつ丁寧に消し、雨の日も晴れにしてみせる技術者たちの執念を見れば、黒澤さんもきっと声をあげて喜ばれたことだろう。

となりのしばふ

2023年7月

至る所に外国からのお客さんが戻ってきている。映画の世界でも徐々に海外ゲストの訪日が増え、私も韓国の新人監督とトークイベントの機会をもらった。

一九九二年生まれのキム・セインさん。日本公開された『同じ下着を着るふたりの女』という長編デビュー作は、プロの映画人を目指す韓国の若者が実践教育を受ける「韓国映画アカデミー（KAFA）」の卒業制作だという。奇妙なタイトルが示唆するテーマは、いびつに固着した母娘関係だ。自らも母親との間で苦しさを感じてきたというキム監督は、新人らしく身近なテーマを選んでいるものの、沈着冷静に練られた脚本や撮影の的確さに、学生映画につきまとう拙《つたな》さはない。

卒業作品に投じられるという数千万円の制作費は、KAFAの全額出資である。学費や寮費もほぼかからないが、その分在学中はアルバイトの暇もないほど厳しいカリキュラムと実習に明け暮れ、プロの講師から映像クリエイターのマインドや技能を鍛えられる。十分な実践力を身につけた彼らは質の高い卒業作品をひっさげて、のっけから国際映画祭にも存在感を刻み、次世代を担うエリートとして船出するのだ。『パラサイト　半地下の家族』でカンヌ最高賞とオスカー作品賞のアジア系初のW受賞者となったポン・ジュノ監督も卒業生である。

一九九七年の経済危機で国ごと破産しかけた韓国は、その後エンターテインメント分野の市場拡大を国の立て直しの鍵と見込み、ひらたく言えば「アジア人の作るもの」として一段下に見られないレベルに達するべく、国策として徹底的にサポートしてきた。そして、結果を出した。ダイナミックで激しい物語も朝鮮半島の歴史背景や俳優の演技にフィットするし、最先端の技術や表現も躊躇なく取り入れ、あっという間に世界を取り込んでいった。ＫＡＦＡの運営資金は、映画館のチケット代の３％を「映画発展基金」としてプールしたものから出ているが、国民が映画を観て、支え、自分たちで新たな「宝」を育てているという自負が今や多くの人に共有されているのかもしれない。

日本にはそれに匹敵する映画教育機関がない。私のように映画学校も出ていなければ自主映画経験もなく、現場に入って機材の名前の一つ一つを覚えるところから見様見真似でシナリオを書き、人の映画を参考に一人でカット割りに頭を悩ませてきた監督は原始人に見えるだろう。「それで映画が撮れるんですか？」と尋ねられたら、「撮れてない……かも」と答えてしまいそう。

　色んな意味で圧倒される私に、透明な瞳を輝かせながら、キム監督は「西川監督のエッセイを何度も読んでいますし、韓国で撮影される機会があれば友人みんなで応援に行きます」と温かい言葉をかけてくれる。優しい後輩だなあ……。

　二十年ほど前に初めて映画を撮った頃から、韓国の映画人には励まされてきた。新人監督賞のコンペで呼ばれた岩手の映画祭には、ポン・ジュノ氏が審査員で参加されていたが、当時は『ほえる犬は噛まない』というデビュー作が日本公開されたのみで、正直よく知らなかった。私はありがたくも新人監督賞をもらったが、落選した『ばかのハコ船』の山下敦弘監督に、「僕は大好きだ。面白いしすごい才能だ」とポンさんがしきりに褒めておられたのが印象的だった。温厚で優しくて、私も山下さんもすっかりファンになったが、数ヶ月後に日本公開された『殺人の追憶』を観て、その桁外れの面白さに総毛立った。さっきまで宿で一緒だった御隠居が水戸黄門だと知る感じ……。

　ポンさんに限らず、その後も渡韓するたびに様々な監督や俳優がお土産を届けに来てくれたり、トークイベントの相手や司会を務めてくれたりする。誰もが自分の言葉をしっかり持ち、人前で語ることを恐れない。二十年で韓国映画界は急成長し、多くの面で日本を追い抜いて行ったが、彼らは常に「私たちは九〇年代末に日本文化が解禁になって以来、ずっと日本の映画や漫画に刺激されてきた。韓国映画にはない静けさや穏やかさにも慰められる。いつも応援しているし、力になれることがあればしたい」などと言って、熱い握手をしてくれる。

日韓関係はその時々で政治的均衡が乱れ、双方のカルチャーのブームが来ることもあれば、嫌韓・反日の波がやってきて、映画ビジネスも煽《あお》りをくらうこともある。関係が冷え込んだ時には、日韓の監督同士がソウルの店の奥に別々に入り、スパイのように対談したという話も聞いた。けれど政権や国家間の関係がどれほど変わっても、映画人は今後も互いの作品を観ながら必ず繋がり続けるし、誰もそれは止められないだろう。

キム・セインさんは「『スラムダンク』の聖地や、日本の火山を見たいです」と翌日から一人旅立って行った。美しい目をした若い監督にとって、日本の旅と人が良い思い出になってくれるといい。私が彼女の国の人たちに、幾度も親切に迎えられ、勇気づけられてきたように。

てんしのうた

2023年8月

ヴィム・ヴェンダース監督は、役所広司さんのことを「私の笠智衆《りゅうちしゅう》」と呼んだ。三十代から老け役で、鎌倉住まいの設定でも帝釈天《たいしゃくてん》の住職でも熊本訛りの一本調子を貫いた笠さんと、信長、家康、新撰組、軍人、踊るサラリーマン、心中する編集者、人殺し、木こり、トイレ清掃員……とあらゆる役を演じてきた役所さんは別種のように見えるが、余分なことをせず画面の真ん中にいられる俳優という意味では近い気もする。役所さんは熊本とは有明海を挟んで西の長崎・諫早の人である。

私は数年前、念願叶って自作の主役を演じてもらったが、完成後は記者から必ず「役所さんのすごいところは？」と尋ねられて苦心した。役所さんの台詞は正確だ。身体能力が高く、機敏なのに動きが滑らかでカメラが追いやすい。一度覚えた立ち位置や目線は寸分たがわない。撮影が中断したり日を跨《また》いでも、直前のカットの顔色、声のトーン、瞳の潤み、全てがシームレスにつながる——しかし、記者たちは浮かぬ顔。「これは恐るべき能力なんですよ！」と強調しても、もっと派手でエモーショナルな逸話を求めるのだ。監督と激論を交わしたり、神がかった芝居の真髄を語ってほしいと。

だけど役所さんのそれは目に見えない。人を驚かさず、あるべきものを、あるべきところにそっと置いていく。普通はその「あるべき場所」は、演出家と俳優とスタッフとで徐々に探り当てていくのだが、役所さんだけは人より先にその場所にたどり着いている。激したり泣いたりする場面も、黙って階段を降りてくるだけの場面も向き合い方に差はなく、小石を一つ一つ積み上げるように、カットを、シーンを埋めていく。役への理解は体の末端まで行き渡り、指先だけを撮影しても、感情のふるえは確かに語られる。

役所さんと仕事をした多くの人が口を揃える。「役が生きてカメラの前にいるようだ」でも役所さん自身は、どの役も「自分とは似ていない」と言われる。「この役は私そのもの」と言って自分を奮い立たせる俳優もいるが、役所さんはそういう没入をする様子はない。いつも現場の隅で、目を閉じて台詞を繰っている。あるいはセットの作りを手足でよく把握して、小道具係にこっそり「触っても大丈夫？」と確認し、その場の物を芝居の中で使ってみせる。すると人物の動きや心情がたちまち立体的になるが、あまりに自然で、演出家は自分の手柄と錯覚したままＯＫを出す。小道具係が駆け寄る前に、役所さんは使った物をもう自分で元に戻している。

私の映画では、一月の旭川駅で主人公が特急列車に乗り込む場面を撮った。役所さんの前後にはスキーを担いだ冬装備のエキストラを配している。通常運行便を借りるから一分以内に撮り終えねばならず、緊張が走る。扉が開き、人の列が動き始めると主人公は口から白い息を吐きながら、列車に乗り込んでいった。

撮れた——それ以上の検証もないまま、ベルが鳴り響く中私たちも慌てて乗り込んだ。帰京して編集を始め、改めて満足した。寒そうで、雰囲気が出ている。けれど繰り返し見る内に、役所さんの他は誰も白い息を吐いていないことに気づいた。意識的な動作なのだ、と初めてわかった。あえて深く呼吸して、カメラに旭川の気温を映してくれていたのである。

後から尋ねても、「そんなことしましたかね」とはにかまれるだけだろうが、知らぬ間にそんなふうに魔法の粉を振りかけてもらっている場面がいくつもあった。天使の仕業《しわざ》だ。と私は思うようになった。映画の神様が遣わした天使。

そんな役所さんが、あるとき他の人の映画を観て、鋭い言葉を漏らされたことがある。

「人間は、もっと芝居が上手いのでは？」

その映画の中で登場人物たちはおのおのが感情を露わにして、スリリングな衝突を繰り返していた。俳優たちの芝居は皆申し分なく達者にも見えた。けれど役所さんに言われてみれば、確かに実際の人間は日常の中で本心をあらわにすることなど滅多になく、なるべく物事を丸く収めようと取り繕い、愛想良くし、家族に、同僚に、公共の場で、絶えず芝居を打っているものだ。ストーリーを面白くするために、映画の登場人物はしばしば過剰な言動をし、過ちを犯させられるが、現実なら、彼らは何が何でも抗うはずだ。人生を台無しにすまいと努め、相手の機嫌を損ねまいと懸命に利己的な衝動を抑え込む。つまり「芝居」を打っているわけだ。その葛藤なしに、無防備に落とし穴に自ら直進していく演技は、感情豊かに見えていても、リアリティには欠けるのかもしれない。

それにしても、世界で最も優れた演じ手の一人である役所さんが、生身の人々の潜在的な「芝居の上手さ」を捉えているのは面白い。多くの俳優は「芝居をしていないような芝居」を試みるが、実は役所さんは「懸命に芝居をしている人」を演じているのかもしれない。自己をむき出さず、限界まで自制しようとするその横顔は、生きることの難しさに耐えているようにも見える。だからスクリーンの中の役所さんは、怒っていても、笑っていても、こちらで生きる者にどこか優しい。

役所広司さん、カンヌ映画祭男優賞おめでとうございます。

映画『すばらしき世界』© 佐木隆三／ 2021「すばらしき世界」製作委員会

こびとのまほう

2023年9月

夏休み大作の目玉『インディ・ジョーンズと運命のダイヤル』を観に行った。四十代のインディが列車の屋根の上でナチスと大乱闘、時代下って老境にさしかかってもなお馬で駆け回り、トゥクトゥクでチェイスし、飛行機から飛び降り、一九八〇年代に撮影されたシリーズ以上のアドベンチャーを繰り広げている。

一緒に観に行った小学生の甥が「トンネルに潜った汽車の上での殴り合いは危なかった」と喜んでいたのに、水を差す気はない。だけどハリソン・フォードはバイデン大統領と同い年。四十代のインディの場面は、フォード自身はほぼ危険な目に遭わず、特殊メイクも施さずに仕上げられただろう。鍵を握るのはやはり生成ＡＩだ。

アメリカの俳優組合（SAG-AFTRA）が、映画テレビ製作者協会（AMPTP）を相手取って大規模ストを行っている。要求には、「生成ＡＩでの俳優の容貌のスキャンによる再利用の規制」が含まれているという。

十六万人の俳優組合員の多くは小さな役でエキストラ的な出演をしながら生計を立てているそうだが、生成ＡＩの活用によって、彼らの容貌や動きのデータは撮影に一日参加すれば会社にストックされ、あとはそれが再利用されて、もう撮影には呼ばれなくなる。一日の撮影報酬だけで出演してもいないカットや作品で自分の姿や演技が半永久的に「生成され」、仕事の機会や報酬は減っていくという。

それはひどい……と思う。でも、百人エキストラを呼べば、百人分の衣装やメイクに、待機場所や食事も用意せねばならない。それらがパッと消える魔法の杖を目の前にぶら下げられれば、財布の紐を握る人々は誘惑に抗わない。

アナログな撮影法がほとんどの私には、遠い話に感じられる。しかし例えば人間の声も、一定の情報量がＰＣに取り込めれば、別の人が喋っても本人の声に置き換えられる技術が完成しているそうだ。

撮影後に編集していると、「台詞を直せれば」とか「ナレーションがあれば」と思いつくことがある。「ごめんね」のたった一言でもスタジオを押さえ、俳優を呼び寄せ、録音技師とオペレーターに頼んでアフレコを行うのが通常だ。でも、もし私が彼らの声を再現できるなら、どんなに時間と労力とお金が節約できるだろう。ちょっとだけならいいじゃないか。手間なし、無駄なし、気遣いなし、みんなハッピーだろ？　……魔法の杖にすぐにでも手が伸びてしまいそう。けれど「ちょっと」がやがてなし崩しになり、根こそぎ取って代わられ、人の生活や尊厳が削られていく。そのことに最初は多くの人が気づかない。それでも人の雇用に関係しなければ、便利な知恵は取り入れた方がいいのかも。だってクオリティが上がるから。例えば、「カット割」は監督かカメラマンの仕事だが、私にはこれが頭痛の種である。

〈少女が部屋に入ってくる。キッチンに立っていた母親が振り返る。「おかえり」。少女は無視してテレビの前に座る。母親はため息をつき、キッチンに向き直る〉

このシーン、あなたなら、まずはどこからどう撮りますか？

カメラを部屋内に構え、少女を迎えるか。少女の背中から追っかけて一緒に部屋に入るか。あるいは母親も少女も一つのフレームの中に入る場所にカメラを構えるか——そして、次のカットは？

カット数もカメラの動きも組み合わせは無限で、一つの解はない。カット割は、あるとも知れぬ財宝を求めて真っ暗な深海に潜ってゆく仕事だ。でも私の場合、お宝どころか、毎晩溺れ死にそう。五年前から構想してきたのに、撮影前夜になってもまだ割れない。自信がない。眠れない……必ず思う。「朝起きたら、小人が割ってくれてないかなあ」と。

しかし、もう小人はすぐそこまで来ている。「スピルバーグ風に」「カサヴェテス風で」「ゴダールみたいに」、変幻自在だろう。いいなあ……。全能の小人が割ったカットは洗練され、物語は活気づき、観客は興奮するに違いない。私は楽をしながら、映画はより優れたものになり、すなわち私の仕事《もの》ではなくなるだろう。あるいは、私自身の模倣さえ可能となり、私から「私」を横取りしていくだろう。

機械に代替させていくということは、あなたがあなたでなくてもよく、私が私でなくてもよい、ということを受け入れていくことだ。あなたが「あなたでなくてはならない」と言われる人材の中に名前を刻むのは、容易ではない。私たちは、横になって仕事をし、完璧なドラマを楽しみながら、自分自身が生き残れる場所のほぼない時代を迎えていくのだろうか。

今のところＡＩにプログラム不可能なのは人間の「欠落」だけのようだ。確かに人は、あらゆる失敗可能性の中の、微かな成功や奇跡を祈りながら生きている。初球打ちの十割打者を応援する喜びはない。「あーあ、僕らがやればわけないのに」とＡＩにため息をつかれながら、私はまた失敗を重ねて見せるだろう。その価値が本当にゼロに潰える日まで。

※アメリカの俳優組合とＡＭＰＴＰは、生成ＡＩによる俳優の身体の合成について、これを行う場合、その説明をし、同意を得ることと報酬を支払うことが義務づけられることで2023年11月8日に暫定合意した。

あのひとはだれ

2023年10月

　夏がくれば思い出す、小五の林間学校。キャンプファイヤーに備えて、私たちはひと月前から定番曲の暗唱に勤《いそ》しんでいた。『遠き山に日は落ちて』『若者たち』『燃えろよ燃えろ』……班ごとに壇上に上がらされ、途中でつっかえれば、体育館の周りをぐるぐる走らされ、再び壇上へ。楽しいキャンプファイヤーを迎えるためにさえ、血の出るようなプロセスを踏まずにはいられない、暮れゆく昭和にしがみつくような時間を教師も子供もすごしていた。

　題名を聞けば全員がフルコーラスを機械的に歌える態勢で迎えた当日の午後。なぜか宿舎の食堂に、フォークギターを抱え、バンダナを巻いた薄いサングラスの男が現れた。

「今日のキャンプファイヤーは、○○小から来てくださったモトハシ先生にお世話になります」

と、特訓を仕切っていた男性教師はそのフォーキーな男を紹介した。

「イエーーイ！　みんな、こんにちは！　林間学校エンジョイしてるか〜？（♪ジャカジャカジャカジャカジャカジャーン）」

「……」

状況がよくわからなかった。「誰かにお世話になる」なんて聞いていなかったからだ。

「おーい、昼飯食ったか？　それとも昼寝中か？　そんなのでキャンプファイヤーできんのかよ。もう一回、こんにちは！」

「こんにちは……」

「腹から声出して、もういっちょ！」

「こんにちは！」

「オーケーそう来なくっちゃ！　みんな、今日のキャンプファイヤーの目的は何だ？」

「……」

「目的もわからずにやるのかよ！　いいか、今日の目的は、全力で楽しむことだ。た・の・し・む・こ・と！　そのためにはどうしたらいいと思う？」

「歌を、歌います……」

「歌って、おぼえてきた歌？　お前たちそれ、今すぐ全部忘れろ！」

ギョッとした。全員が特訓教師の顔を盗み見た。しかし説明もないままキャンプファイヤーの実権を明け渡した彼は、無抵抗にしんねりと隅で下を向いていた。

「みんな、キャンプファイヤーを盛り上げる一番の方法を知りたくないか？　それは、替え歌だ！（ジャカジャーン）」

「……」

そして男は、ギターをかき鳴らし、自作のギャグソングを披露した。何の曲だったか記憶はないが、バカバカしくてちょっと下品でしつこい繰り返しに、小学生はまんまとツボを突かれるかたちになった。

「はい拍手～！　お前たち、人が歌ったら拍手だよ。さあ、これからまだ三時間ある。各班で替え歌を考えて、誰が一番バカウケするか競うんだ。あとは俺に任せろ。ちなみに俺のことはモッちゃんって呼んでくれ。先生って呼んだらデコピンだからな」

なんだか、時空が捻じ曲がる気分だった。

いろんなものが不可解だったが、教師は沈黙して全てを委ねた様子だし、私たちは新体制に順応するよりほかないようだった。何より「モッちゃん」の毒舌と無礼講には子供を魅了する強い刺激があり、早くもシンパのような顔つきになっている男子生徒もいた。

井桁《いげた》に組まれた薪《まき》は高く火柱を立てた。火と闇のコントラストと熱風の中、私たちはモッちゃんに導かれ、熱狂の時間を過ごした。覚えてきた辛気臭い歌は全て忘れ、聖子ちゃんやトシちゃんやアニメソングの替え歌を披露してふざけ倒し、酒が回ったように笑い転げた。

やがて櫓《やぐら》は燃え尽き、残り火が地面を寂しく照らすのみとなった頃、モッちゃんは「みんな、そのまま地面に寝そべろう」と静かに言った。しかし子供たちの興奮は収まらず、小突き合い、どけよ、痛え、足が当たる、汚えよ、とふざけていると、モッちゃんが突然爆発した。

「お前たち、友達の足が汚いのか！」

あまりの変調に、子供たちは身をすくめて沈黙した。そしてモッちゃんは、激しい怒気と哀切さを駆使して、「友達をみくびるなよ。バカにするなよ。お前たち、今ここでしか会えなかった人間関係なんだぞ」という論調からしみじみと友情の大切さを説いた。さっきまで騒ぎ散らしていた女子がぐずぐずと鼻を鳴らし、しゃくりあげて泣いていた。モッちゃんは、たしかに「いいこと」を言っていたのだが、なぜか私は、モゾモゾ、ジワジワ、脳みその中が痒かった。

『若者たち』を暗唱するにせよ、替え歌で踊り狂うにせよ、私たちは言われるがまま、ただ夢中でやった。けれど違和感がまるでなかったわけではない。「なんか変」とうっすら思いながら、自分ではどうするべきとも判断がつかず、子供は大人の導く方向に従い、気づけばぐるぐる走り続けたり、感激して泣いたりもするのだろう。子供という存在は度し難く、集団にもなると大人は扱いに四苦八苦するだろうが、わかりやすいシナリオやメソッドの中に取り込んで、彼らの思考力や感受性をほしいままにするのは、罪深いようにも思う。

キャンプファイヤーの思い出から連想するのも妙だが、八月は先の戦争のことを考える機会の多くなる時期で、たくさんの子供たちが異様なことに巻き込まれ、また本人たちなりに信念を持ち、熱狂したというから、ついそんなことも思ってしまう。

翌朝、モッちゃんの姿はなかった。子供たちはかつてないほどの狂乱と感動を体験したわりに、一夜明けて「モッちゃん」のことを話題にするけはいもなく、先生がいつも通りの号令をかけ、私たちもいつも通り、友達と小突き合いながら帰路に就いた。どこかの小学校の教諭だといっていたが、あれほどの構成のショーを思えば、幾多の林間学校からお呼びのかかるプロ・キャンプファイヤリスト（？）だったのではないか。モッちゃん、忘れ得ぬ人。

まだまだまなぶ

2023年11月

一年半前、映画界にはハラスメントの告発が相次いだ。監督やプロデューサーの加害が赤裸々に報道され、世間から火を噴くように非難されたが、その後も映画界のハラスメント予防や対策は大部分が個々の努力に任されている。

海外には映画界をまとめる中心的機関があり、二〇一七年の #MeToo 後は心理的・法的な相談窓口が開設されていった。米国の大手スタジオも、スタッフに講習を対面・オンラインで義務付けており、フランスでは映画会社の責任者やプロデューサーは「ハラスメントの立証方法・雇用者の義務」について二ヶ月間以上のトレーニングを履修しなければ必要な助成金や上映の許諾が与えられない。全国各地で講習が行われ、受講は無料。今年中に九千人が履修済みになる見込みだという。

なぜ日本で改革が徹底されないかというと、映像産業をまとめる機関がないことと財源がないことが理由にあるのだが、それ以前に「ピンときてない」のが本質だと思う。大手映画会社も団体もいまだにトップは男性が九割以上だし、必要ではないですか？　と尋ねても「あーはいはい、仰るとおり」と資料を一瞥してさっさと閉じる姿を何人も見てきた。

お前ピンときてないだろ、と何度も何度も何度も言われなければ大人の脳みそは変われない、いや、どう変えていいかすらわからないのだと、私自身も思う。ジャニーズは国民的人気アイドルの事務所だから世間から粘り強く叱ってもらえるが、さほどの怒りも期待も向けられないところに、日本の映画界の凋落ぶりが象徴されている——と下を向くのはさておき、このたび映画の台本に印刷して差し込める『制作現場のハラスメント防止ハンドブック』をこしらえてみた。

ネットフリックス社はアメリカ本社の方針を踏襲し、日本製作の作品にも「リスペクト・トレーニング」を義務付けているし、白石和彌監督も二〇二〇年の東映作品の撮影前には自らの提案で講習を導入されていた。……けれど、いかんせんゼニがかかる。一時間コースの講習が、十万円は下らないという。日本で製作される年間六百本以上の映画の大半は数百万円〜数千万円という低予算の作品だ。講習を外部委託する余裕がすべての現場にあるとは思えないし、予算が少なく、寝食が削られるような苛酷な状況ほど、人は追いつめられ、ハラスメントは起きやすくなる。

なんとか最小限の持ち出しで、多くの人が学ぶ機会を作れないかと思っていた時に、韓国の映画監督組合が『中止・支持・申告』と題したガイドラインを台本に印刷していたのがお手本になった。ベネチア映画祭最高賞の受賞歴もあるキム・ギドク監督の性暴力が二〇一七年以降社会問題になり、韓国映画界では告発された加害者の追放が進んだ。三十代、四十代の監督を中心とした「性暴力防止委員会」によって、ねばり強く自浄の努力が続けられている。

こちらのハンドブックは中身は韓国、アメリカ、ヨーロッパの基準も参考にしながら、なるべくやさしい文体を心がけ、一般的なハラスメントの概念の説明に加えて、撮影現場という特殊環境で起こりうる具体例も盛り込んだ。

・オーディションで、説明と合意なく俳優に衣服を脱ぐよう求めること。（「セクシュアル・ハラスメントとは」）

・性的な接触・露出のあるシーンの撮影では、必要最低限のスタッフのみが配置される「クローズドセット」を準備しましょう。モニターの台数も最小限にし、確認の必要がないスタッフは演技中のモニターから離れること。（「デリケートな場面の現場におけるハラスメントの防止策」）

・衣装にマイクを装着するなど、スタッフが俳優の身体に直接触れる作業を行う場合は、事前に言葉をかけて俳優の同意を得ること。衣装部などのサポートも借りながら行いましょう。（同）

「してしまったらどうするべきか」にも触れた。長年の習慣やストレスによって、気づけば自分が加害の側にいることもある。一時的な反省や謝罪のみで、リカバリーがないまま孤立したり、同じことを繰り返さないように、臨床心理士・公認心理師の中村洸太《こうた》さんに『ハラスメントをただしく再発防止するために』というコラムを寄せてもらった。

映画ポスターを数々手がけてこられた大島依提亜《いであ》さんのデザインに朝野ペコさんの優しいイラストを加え、十二ページの小冊子ができた。これを台本印刷のリーディングカンパニーの三交社に発注すれば、希望の場所に差し込んでくれる。

意外なことに映画のクランクイン前には、スタッフ・俳優全員で安全祈願を行う習慣が残っている。頭を垂れた主役や監督が神主さんにさわさわとお祓い棒で撫《な》でられ、祝詞《のりと》をあげてもらうのだ。きっと撮影所が元気だった頃の慣習が引き継がれているのだろうが、せっかく集まるのなら、その後「安全祈願・第二部」として、三十分だけ全員で声に出して読み合わせる時間を持っては？　というのがおすすめの使用法だ。

そんな小学生みたいなことやってられない、と思う人は多いかもしれないが、小学生みたいな頃から権利や尊厳や性についてちゃんと学習せずに来たから、私たちの国はこんなことになった。一番の目的は「このハンドブックだけでは足りないな」と多くの映像人が感じてくれること。人間は簡単に変われないが、学ぶ場につくことはできる。まだまだ、学べる。

やっとあえた

2023年12月

三年弱続けさせてもらったこの連載は、今回が最終回。前作の映画が公開された頃に始まって、その後は脚本を書くために机にかじりつき、長いトンネルを掘るような毎日を過ごしてきた。私はコロナ禍前からこんなモグラのような暮らしぶりだが、いつも動いてばかりだった世界の方がこの数年は止まったことで、当たり前だったものが違って見えたことも多く、そんな気づきを書きつつ回を重ねた。

毎回、連載に挿画を入れてくださったのは銅版画家の本村綾さんだ。私の文章はいつもてんこ盛りで、初稿は規定の文字数を大幅にオーバーする。そこから削りに削って、最終的には全段落みっちり文字で埋まった原稿を入稿するのだが、無理な減量をしすぎてきつい文体になることも多い。本村さんの版画は、真っ黒なページに余白を与えてくれていた。しばしば、おそらく私だと思われる女性が風景の中に、力まず、素朴な表情で佇んでいる。それを見るたびに「こんな私だったらいいのにな」と思ったものだ。シンプルな線に、ところどころ質感の異なる黒。原版と作業をずっと見学したいと思っていたのに、気がつけば最終回が近づいてしまった。

忙しい中無理を言って、日曜日に東京郊外の工房を訪ねると、本村さんは一人で出迎えてくださった。出会った瞬間に、あの版画の人だな、と思った。清潔で、素朴で、柔らかい。

机の上に広げられていたスケッチブックには、原稿から発想されたいくつものラフスケッチと、そこから決定した原画が描かれていた。あめ色に輝く銅の板に原画の線を複写した後、鋼鉄のニードルを握って、力を込めて彫っていく。彫った線を指で触らせてもらうと、チクチクと毛羽立ったような手触りが。この細かな銅の「まくれ」の裏に溜まるインクが強い力でプレスされることで、線の周りにふっくらとした滲みが出るのが「ドライポイント」という銅版画技法の特徴だそうだ。油絵やペン画とも違う、この技法ならではの柔らかな線。版画といえば無限に複製可能と思いがちだが、プレスを繰り返すと次第にまくれは潰れて滲みは出なくなり、ベストな状態で刷れるのは十五枚くらいなのだそうだ。

彫りが完成すると、海苔佃煮のように粘っこいインクを銅版一面にたっぷりヘラで塗り込めたのち、白い紗《しゃ》の布で大胆かつ慎重に拭き取ってゆく。すると線の溝にインクが詰まった状態で再び絵が見えてくる。

　片時も手を止めず説明してくれる本村さんの言葉は、ゆったりとして理解しやすい――と思ったら、大学院で版画を学んだ後、中学の教員をされていたそうだ。人に教えるのは好きだったが、もう一度美術の道で生きていこうと心に決めてからは、自らの作家活動だけでなく、他の画家や彫刻家の版画作品をサポートする職人としても工房で修業を積まれている途上だという。本村さんの手は、人の仕事をあずかるためのぶれない技術をたくわえた確かな軌道を描き、音楽が聴こえてきそうに軽やかだ。

　銅版をセットした大きなプレス機のハンドルを回して紙をめくると、ぱっと版画が現れた。線の微細な滲みや、余白にもうっすらインクの色が乗った味わいと風格は、実物を見るまでわからなかった。元は油絵を描いていたという本村さんに、「絵を描ける人が、あえて版画をやるのはなぜですか」と尋ねると、こう答えられた。「絵は、どんな技法でもリアルタイムで結果が出ます。版画は、自分で描いた絵でも、彫って、刷ってみるまでどうなるのかわからない。銅をものすごい力でプレスして、めくってみた時に、『わあ、こんなになってるんだ』とか『うまく刷れた！』という喜び、自分がコントロールできないところで、もう一段階上がれる楽しさがあります」。

　落ち着いた本村さんの話しぶりが一瞬早口になり、上ずった。この人は本当に版画が好きなんだなと思った。好きなことを仕事にしたのと引き換えに、何か大切なものを失ってしまった気もしている私は、少し励まされた。好きなことをやる人は、幸せなんだ。好きなことを仕事にすることが、幸福であるべきなのだと。

「映画も撮ってみなくちゃわからないんです。脚本とは全然違うものになったりもします。でもだんだん撮ること自体が自分の楽しみになってくる。少しだけ似てますかね」と言うと、そうかもしれません、とまた慎ましい表情で微笑まれた。

ひと月まるまる家の机に向かっていたことも多く、ネタに困り、頭を抱え、綱渡りのように凌いできた連載だったが、私の原稿を待ち、前夜から紙を水に潜らせて湿し、幾つものスケッチを描き、力を込めて銅版を彫り、インクを擦り込み、刷りを繰り返し……本村さんの作業には週末が丸3日費やされていたという。大変な手間と作業量だ。もっと早くに知るべきだった。私は一人じゃなかったんだ。

小さなコラムでしたが、多くの人の丁寧なお仕事に支えてもらいました。どうもありがとうございました。またどこかでお会いする日まで、さようなら。

初出

「Sports Graphic Number」（「遠きにありて」）

２０１８年12月６日号、19年２月14日号、４月11日号、６月13日号、８月８日号、10月17日号、12月12日号、20年２月13日号、４月16日号、６月18日号、８月20日号

月刊「文藝春秋」（「ハコウマに乗って」）

２０２１年３月号〜23年12月号

西川美和（にしかわ・みわ）

映画監督。1974年広島県生まれ。早稲田大学第一文学部卒。在学中から映画製作の現場に入り、是枝裕和監督などの作品にスタッフとして参加。2003年公開の脚本・監督デビュー作『蛇イチゴ』で数々の賞を受賞し、06年『ゆれる』で毎日映画コンクール日本映画大賞など様々の国内映画賞を受賞。09年公開の長篇第3作『ディア・ドクター』が日本アカデミー賞最優秀脚本賞、芸術選奨新人賞に選ばれ、国内外で絶賛される。『夢売るふたり』（12年）、『永い言い訳』（16年）に続く、21年公開の『すばらしき世界』でも高い評価を得た。小説・エッセイの執筆も手がけ、『ゆれる』で三島由紀夫賞候補、『きのうの神さま』『永い言い訳』でも直木賞候補となるなど話題に。その他の小説に『その日東京駅五時二十五分発』、エッセイ集に『映画にまつわるxについて』『スクリーンが待っている』などがある。

ハコウマに乗《の》って

二〇二四年四月一〇日　第一刷発行

著　者　西川美和《にしかわみわ》
発行者　花田朋子
発行所　株式会社 文藝春秋
〒一〇二―八〇〇八
東京都千代田区紀尾井町三番二十三号
電話　〇三―三二六五―一二一一
印刷所　萩原印刷
製本所　大口製本
DTP　萩原印刷

ISBN978-4-16-391825-9

Printed in Japan